優渥叢書

空軍一哥教你

圖解 K線放空法

10分鐘找出個股的下跌徵兆！

陳韋翰◎著

CONTENTS
目錄

LESSON 3

5 步驟篩選放空標的，
幫你第一次放空就賺錢 *093*

CONTENTS
目錄

LESSON 4

如何迴避放空風險？用我獨門研發「3 隻小豬必勝術」 *159*

LESSON 5

21 檔精選範例，step by step 教你看懂趨勢、抓對時機 *183*

多空技巧本非絕對，獲利才是最終目的

商周〈不看盤投資術〉專欄作家／股魚

隨著科技發達，投資工具越來越多，衍生出財報、技術線、籌碼、權證、期貨等類型。從投資角度來看，工具只是用來協助完成最終目的：獲利，而多空趨勢的判斷是重要關鍵。這與投資者本身資訊判讀力的強弱有關，執著於多頭或空頭是毫無意義的想法，謹慎研判現況、運用工具完成投資目的，才是最重要的。

投資人仔細觀察便可發現，許多投資工具，往往同時具備做多與做空的便利性。例如：股票可以融資做多，也可以融券做空；期貨可以選擇買權或是賣權；近期熱門的ETF也有正向與反向可供選擇。這表示工具本身並不限制投資人的方向，而是多向的選擇。透過組合技巧，即使在盤整區間一樣能獲利。所以，我們無須畫地自限，規範自己只能在某種走勢進行投資，而應該因時制宜、因勢乘便。

我的投資方式起始於財報判讀技巧，但並不侷限於長期買進持有，若遇到狀況改變，一樣要進行調整以降低損

失。有些人總誤以為，財報投資者的做法是千篇一律的長期持有。事實上，當企業體質產生變化時，盡速停損出場，甚至於反手放空，都是財報投資的一環。

本書提及數種資金管理技巧，與我熟悉的財報投資技巧實可說是殊途同歸。例如：財報投資中有個三段式試單的做法，當認為股價已經跌至合理價位，且往下空間不大時，先投入30％的資金試單，若股價如預期般往上發展，就再加碼投入50％資金，最終將剩餘的20％投入，以追求報酬率的最大化。當漲勢不如預期時，要盡速回收本金與剩餘獲利，以確保有能力進行下一檔的投資。這一點跟書中提及的三隻小豬概念不謀而合。

其他像是：積極的保護本金；觀察政府的管制動向來判斷多空；當企業拚命發佈利多消息，但股價持續下挫時，表示並非買進時機等非財務面的觀察技巧，也是放諸四海皆準。所以，多空只是一種趨勢，而工具則是協助你完成獲利的目的。坊間的投資工具多以做多的角度切入，投資人也不妨從做空的角度，充實整體的投資觀念。當視野越完整，在投資這條路上便能走得越順遂，切勿讓單一角度的投資觀念，限制你對市場的想像。

天下股市，跌久必漲，漲久必跌

2018年2月，在台積電股價創新高266元的帶領下，台股來到10年新高11,270.18點，我推算股市高點最早出現在第三季選舉前後，晚則出現在隔年第一季底。隨著時間推進，書稿內容逐步完成，**2327國巨**進入7月後創下1,310元新高價，一時間股市人氣沸騰，人人都在尋找具有漲價題材的飆漲股。

當時我選出10檔放空股，作為家族基金的主要持股，也同步收錄在本書第五章。後續隨著行情進展，新增2檔股票，剔除2檔。直到10月初本書最後校稿完成時，**原先12檔股票扣除2檔退出後，10檔都有不小的放空獲利，選股勝率約83.3％（退出的股票後續也逐步往下修正）。**

這樣的勝率聽起來很不可思議，事實上，只要看完本書內容，任何人都可以輕鬆選出能快速獲利的放空股。即使今天勝率只有50％，讀者一樣能用第四章的方法，放空股票賺錢。

我將前人的經驗與多年對台股的研究，實際運用在股市裡，並寫下本書，希望提供股民參考：**股票獲利不是只有單一方法。**我從不擔心這一套放空作法被別人知道，因

為早在數十年前，華爾街傳奇操盤手已經告訴人們如何放空，差別只在於投資人敢不敢出手、敢不敢放空這些股票。

獲利持續擴大，表示我走在正確的道路上。遇到空頭市場，不用逢低攤平，不用越跌越買，不用定期定額，善用放空觀念與技巧，一樣能在景氣趨緩時獲利，走出屬於自己的存股路！

羅貫中在《三國演義》第一回寫到：「話說天下大勢，分久必合，合久必分」，說明事事變化無常，沒有一定的道理或永遠固定的模式。對照股市也是一樣，跌久必漲，漲久必跌。

回顧台灣股市過去30多年走勢，無不是這樣的走法：

1990年，加權指數創歷史天價12,682.41點，極盛之後極衰，僅在9個月後，最低見到2,485.25點，跌幅高達80.4％，把過去2年多的走勢一口氣跌光。當時的股王是國泰金1,975元，30年過去，如今僅剩二位數浮沈。

2000年，加權指數再度跨越萬點來到10,393.59點，上漲超過10年，但21個月後，最低只剩3,411.68點，跌幅67.1％，10年行情化為烏有。股王禾伸堂從999元修正到38.5元，睡了15年後才重新轉強。

2007年，加權指數第四次向萬點邁進，來到9,859.65點，而14個月後，僅剩3,955.43點，跌幅59.8％，回歸到8年前起點。曾經當過股王的宏達電、茂迪、益通等，股價

都有50％～90％的修正幅度。

　　歷史告訴投資人，台灣股市每隔8～10年就會進入一次價格調整期，是景氣循環，更是資產的重新配置。每一次修正前，股市總是欣欣向榮，人們對未來充滿樂觀；每一次修正後，人們卻對股市避之唯恐不及，視投資為畏途。因為空頭市場的修正，不管股價高低、業績好壞、股息多寡，一律通殺。

　　歷史一次又一次的重複發生，每隔8～10年就會再度出現同樣模式！

　　從2008年金融海嘯開始，在美國聯準會灑錢救市的帶領下，全球央行把利率拉至史上新低，讓資金從銀行流出成為熱錢，四處投資並炒高股市。除了美國道瓊工業指數創史上新高，台灣加權指數也自低檔起，大漲超過7,300點，走出史上最久的萬點行情。各項經濟數據均突破歷史高標，所有上市櫃企業獲利持續攀升，年年大方發出超過兆元股息。

　　本書付梓時，從2008年金融海嘯算起已10年過去，行情從極衰又回到極盛，投資人都想買股票做長期投資。隨著聯準會與各國央行開始加快回收資金，全球股市又將面臨下一波的景氣循環。若對照歷任股王的走勢來看，未來幾年所有的股票都將面臨價格上的調整。

　　多頭市場，股票再爛都會漲；空頭市場，股票再好走不遠！

　　大多數投資人均認為，股票就是便宜才買，越便宜可以買越多。但我想問：「**如果你的股票真的如分析這麼好，如報導所說這麼棒，別人搶都來不及了，怎麼會股價越來越便宜？怎麼可能會越買越套？**」

　　聽到最多的回答通常是：「賠錢就抱著當存股，領股息可以彌補價差虧損。」可是，每個人來股市投資只有一個目的：賺錢。如果股神巴菲特滿手都是套牢賠錢的股票，資產一直減少，那全世界的股神可不知道有多少。假如賺到價差也賺到股息，確實可稱為存股，但如果賠掉價差，就算有賺股息，也只能算是套牢而非存股，別將兩者混為一談。

　　以台灣手機大廠**2498宏達電**（**圖0-1**）為例，股價從最高價1,300元開始往下修正，由於價格變便宜，先前漲高不敢追，大跌後才想逢低承接存股的資金不少。畢竟它是台灣之光，曾發出40元以上的股利，也是全球前十大手機品牌，當然趁便宜時多買一些。結果越跌越買、越買越跌，直到股價跌到40.35元才放棄。未來，就算股價能漲10倍，也不過回到400元附近。若買在高檔，根本難以解套。

　　如果懂得放空，在股價跌破1,000元時進場，當價格修正到500元，別人是套牢，但會放空的投資人則多累積500元的資本。見**圖0-2**，一來一回，一個是**虧損攤平**，一個是**放空獲利**，幾次下來的差距會越來越大。

　　許多投資大師都是靠放空快速累積財富，像是傑西・李佛摩、喬治・索羅斯、吉姆・羅傑斯、華倫・巴菲特，甚至於近年知名的橋水避險基金經理人雷・達里歐，都是擅長放空累積財富的投資家。你沒看錯，股神巴菲特在50歲以前，也曾透過選擇權在空頭市場累積資產。

　　全球股市從2008～2018年已經有10年的上漲行情，未來勢必面臨價格的劇烈調整，根據歷史數據，跌幅可能超過50％以上的股票比比皆是。除非你真的可以且願意一路攤平股票，並忍受大幅的虧損（光靠每年3～5％的股息，無法填補每天10％的價差虧損），也無懼利空，否則

圖0-1 2498宏達電，2010～2016年月K線走勢圖

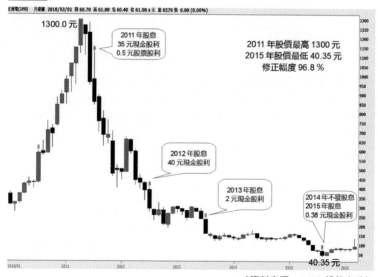

（資料來源：：XQ 操盤高手）

此刻實在不建議存股。

　　股市名言：「放空賺得快。」一旦出現10年一次的景氣循環，放空的利潤總是非常可觀！某個投資人在股市高檔時進場放空，賺取價差累積資本，然後在低檔買股長期投資。另一個投資人則是在高檔一路往下攤平，直到本金與信心用罄，花費多年的時間只為了求回本。兩者相比較，各位讀者想當哪一種人呢？

　　很多人認為，股市會跌是放空的錯、放空是不愛國且邪惡的行為、放空好像很難。但事實上，近年來證交所與券商為了方便投資人放空，設計許多簡易商品（反向

圖0-2 2498宏達電，2010～2016年月K線走勢圖

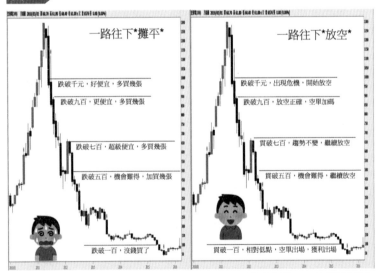

（資料來源：：XQ 操盤高手）

ETF、認售權證等），讓投資人也能跟法人大戶一樣，透過放空獲利與避險，而不是只會虧損攤平。所以，各位的投資觀念與方式也要與時俱進，因為未來還會出現更多的放空管道與商品。

　　別害怕放空，放空絕對是愛國愛股市的行為，因為當你在股市高檔放空，在低檔累積許多本金時，就能進場買股，協助政府護盤救市，何樂不為。況且，你其實早就會放空，每個人都經常在放空，且樂此不疲，甚至大股東與大戶也熱衷此道。不信？看下去便知曉！

LESSON 1

向世界級大師，
學習放空技巧

　　華爾街傳奇投資人傑西‧李佛摩說:「股票價格修正後,如果公司前景好,內部人一定會趁股價拉回時大量買進。可是,當股價越來越便宜,卻沒有買盤出現,表示內部人不願意買進自家股票,這時要做的就是全力放空。股市會下跌,不是因為放空,而是市場根本沒有買盤。」

　　每次股市下跌,很多人會把罪魁禍首怪罪到放空的投資者身上。事實上,假如一檔股票確實很好,當股價下跌時,公司大股東、工作人員、研調機構、主力大戶、法人等都應該會逢低大幅加碼,不可能放任股價下跌。

　　然而,當股票在一片看好與利多中持續下跌,甚至跌破許多關鍵價位與支撐時,就暗示根本沒有買盤想接手,只剩之前不敢追高的散戶想要逢低承接長期投資。**此時要做的正確選擇只有一個:放空,而且是大量的放空。**

　　歷史上許多赫赫有名的投資名家,都靠著放空賺取可觀的獲利。連股神巴菲特年輕時,也曾透過選擇權放空賺取大量獲利,後來因資金水位實在太過龐大,才改為透過股票選擇權與現金的方式避開空頭修正。

　　股票要往上漲,需要經過「打底→回升→噴出」的標準模式,讓股價越來越高。但股票要往下跌,只要買盤一縮手,就會瞬間暴跌。這印證一句古老名言:「做多賺得多,放空賺得快」,也是投資人必須知道的股市精髓。以下我們透過股市贏家的放空經歷,學習這些大師在面對空頭暴利時採取的心法與佈局,進一步認識放空。

1-1

喬治‧索羅斯：數波匯率攻擊，徹底打敗英格蘭銀行

　　喬治‧索羅斯是位慈善家，每年捐款幫助就學、醫療與弱勢族群，超過數百萬美元。他也是國際禿鷹，一旦國際股市與匯市出現大幅波動，全球央行就會緊繃神經，深怕再次受到他的攻擊。與股神巴菲特不同的是，他極為低調，投資手法多空皆有，且千變萬化，彷彿具有天使與惡魔的雙重身份，佈局與看法總引領著全球資金大幅流動。

　　在美元成為貨幣霸主前，英磅一直是全球的主要貨幣，而在背後保障其穩定的重要機構英格蘭銀行，是金融體制的強力後盾，具有極為豐富的市場經驗與強大實力，從來沒有任何人會懷疑，甚至於挑戰它的地位。

　　1990年，柏林圍牆倒下後，德國正忙於處理東西德經濟差距時，英國決定加入新的貨幣體系──歐洲匯率機制（ERM）。在歐元還未出現之前，各國以德國馬克為核心，不同貨幣只能在一定的匯率區間浮動。一旦浮動區間過大，成員國央行就有責任進場干預，讓匯率回穩。

不過，當時英國景氣衰退，需要靠貨幣貶值才能提升經濟與景氣。在加入歐洲匯率機制前，英鎊與德國馬克穩定維持在1英鎊兌換2.95馬克。依據規定，兌換比的浮動區間不能過大，導致英國無法透過有效的利率調整，來應對國內緊縮的景氣。在德國無暇協助他國的情況下，英格蘭銀行想破頭仍找不到解決方案。

　　1992年2月，歐盟12成員國簽訂《馬斯特里赫特條約》，確定歐元誕生的時間表，但使得英鎊與其他經濟體質疲弱國家的匯率被高估。在各國經濟衰退面臨降息與貶值壓力下，一旦發生經濟與匯市動盪，核心的德國是否能出手協助，讓自己的貨幣貶值以協助他國嗎？

　　索羅斯認為難度頗高，因為歐盟剛成形，各國的經濟實力不同，德國也不可能犧牲自己利益，讓貨幣貶值去解救英國危機。因此，一旦成員國中有央行開始降息拯救經濟，造成匯率貶值，就會形成連鎖反應。但這個起頭者是誰？

　　英國景氣衰退，政府需要貶值貨幣來拯救經濟、刺激出口，但受到歐洲匯率機制的限制，必須維持對德國馬克匯率穩定。在國內企業與學者極力反對之下，儘管英國首相梅傑與財政部長多次重申：「維持匯率穩定不變，英國仍有能力讓英鎊留在歐洲匯率機制內」，但英鎊對德國馬克還是緩步下滑。政府為了維持1：2.7780的下限，命令英格蘭銀行買回33億英鎊干預匯市。此舉反而讓投資人更

失去信心，也讓索羅斯找到連鎖的起頭者。

他聯合華爾街金融同夥，開始進場放空英鎊試單，除此之外，還採取以下手段：

1. 買進英國與德國利率期貨。

2. 做多德國馬克。

3. 放空義大利里拉。

4. 買進英國股票。

5. 放空德國股票。

他預估德國不會出手讓馬克貶值來拯救英國，反而會讓馬克升值以維持歐洲匯率的穩定，這使得英國等經濟體質疲弱國家的政經出現危機。隨著索羅斯開始大量放空英鎊，投資人發現市場氣氛轉變而跟著加入，於是英國政府緊急從國際貨幣基金組織（IMF），調借資金來對抗空頭。

對抗英格蘭銀行需要龐大的資金做為後盾，並且要有引信來引爆這場佈局，於是索羅斯與多家國際基金率先強力打壓里拉。1992年9月，市場開始傳出義大利政府即將破產的謠言，讓里拉瞬間貶值7％，義大利的薄弱體質根本無法抵擋國際禿鷹的攻擊而倒下。此事使得所有歐盟成員國均感到恐懼，認為歐盟即將解體。

然而，英國政府也不是省油的燈。財政部長致電請求德國調降利率，但被德國以東西德經濟發展為由婉拒，於是只好請示首相調升國內利率，希望透過高利率讓匯率回

穩。雖然當時利率已經超過15％，但英鎊對馬克的匯率，終究還是跌破歐洲匯率機制規定的下限。英國政府花費269億美元的外匯存底，設法對抗空頭仍告失敗，只能認輸、接受退出歐洲匯率機制的協議。

諷刺的是，第二次世界大戰德軍轟炸倫敦，是大西洋彼岸的美國人出手相助；當美國的對沖基金企圖擊垮英鎊時，英國卻指望德國相救。德國過去期望靠戰爭統一歐洲獲取霸權，如今因一紙合約成為歐洲霸主，當然更不可能讓經濟下滑，去拯救英國及其他體質貧弱的歐洲小國。

自此索羅斯被國際知名金融雜誌《經濟學人》（*The Economist*）封為擊垮英格蘭銀行的男人。**這場戰役下來，索羅斯因放空英鎊而獲利超過10億美元，其餘在期貨與放空里拉上的獲利則超過20億美元，該年他的量子基金資金成長超過67％。**事後他說了一段有趣的話：「老實說，我們還沒佔領足夠大的市場份額，英鎊就退出歐洲匯率機制。獲利10億美元本來就是計畫中的利潤，況且獲利最多的並不是我，而是國際對沖基金。」

歐洲媒體怪罪索羅斯造成歐洲經濟動盪，但他捐出許多利潤給中東國家，提供醫療、教育補助，讓受到政治影響而動蕩不安的第三世界人民，獲得許多人道支援。事實上，他曾經在1985年因放空美元獲利而聲名大噪，雖然1997年亞洲金融風暴時，企圖放空港幣與中國人民銀行大戰失利，但他的投資哲學與作法仍值得投資人學習。

　　索羅斯認為，每一個市場都有穩定的機率，就如同希臘神話正義女神賽米絲手中的天秤，永遠是水平象徵公平和穩定。但有時會因為制度調整或人為而傾向一方，使市場陷入失序渾沌，這時只要做好計畫，勇於出手重押資金（做多或放空），就能獲取可觀的利潤，直到市場再度恢復井然有序的世界。

　　他常說：「**我使用的投資方式，都不是在學校學習的。投資要能賺錢，先學會邏輯思考與自我對話才有機會。**」

【大師心法】

　　這次擊垮英格蘭銀行的戰績，是索羅斯比對並研究利率與匯率時，發現市場資金出現傾斜，配合他對各國央行手法的研究，提前佈局放空與買進。從他的投資策略來看，無論是匯率、股票，甚至是選擇權，幾乎都是一面倒看空英鎊所做的佈局，而且毫無避險。

　　這是他一貫的操作方式，當確認行情符合自己的規劃時，會先放空或買進少量，等到第一批資金獲利後，才開始加碼。我們可以在很多投資大師身上看到這樣的方法，包含永遠對股市樂觀的股神巴菲特。

　　我們在索羅斯的投資行為上學到：

　　1. 利率與匯率，對全球資金流向影響極大。

2. 進場前,多次沙盤演練,確認最糟糕的情況與樂觀走向。

3. 資金分批進場,一開始少量試單。

4. 確認方向與獲利後,就可以逐步加碼。

5. 加碼時,不是慢慢進場,而是在2～3次內將資金全數投入。

6. 除了鎖定一開始的標的之外,也可以衍生其他相關投資。

7. 退場時,速度要快、果斷、見好就收,尤其是放空。

8. 善用邏輯思考,而非追逐市場消息,要成為創造消息的一方。

9. 離場後,不眷戀,改往下一個投資。

1-2

傑西・李佛摩：
成為華爾街「一日」王者

如果要選出當代最佳股市作手與智者，傑西・李佛摩當之無愧。他所著的《股票作手回憶錄》、《傑西李佛摩股市操盤術》，百年來被世人持續傳頌，尤其是追高（追買創新高股）殺低（放空弱勢股）的觀念與方法，更受到台灣投資人喜愛。

1907年美國爆發銀行危機（或稱尼克伯克危機），在短短3週時間，紐約證交所交易的所有股票與前一年度的高價相比，下跌超過50％。由於景氣衰退，企業陸續倒閉，銀行無法回收大量債務，再加上紐約第三大信託尼克伯克公司宣告破產引發恐慌，使得民眾急著從金融業提領現金出來，以免存款受到管制而無法動用。

當時李佛摩於年初放空大賺一筆，正在佛羅里達州度假，看到一檔超過300美元的安納康達公司旁若無人地持續上漲。雖然他看空整體股市，但仍選擇買進8,000股，他認為這檔股票有機會挑戰330～340美元，賣出後這些

利潤將作為後續放空的資本。

沒想到，買進後因暴風雨使得電報斷線，收不到紐約的買進價格回報，等到收盤前才得知股價跌至292美元，帳面立刻出現近10萬美元的虧損。隔天電報修復後，安納康達股價開出298美元，隨即上漲到302美元附近，接著很快走軟，其餘個股也顯露出疲態。李佛摩立刻決定，如果股價回到301美元，他會將這檔股票全數出清。

果然在大盤影響下，安納康達很快跌回301美元，他立刻要求營業員賣掉所有持股。隨後回報的價格為299美元賣出5,000股，剩下的股票花了一個多小時才賣在298美元附近，因為營業員不希望打壓股價。

在他收到最後一筆回報後，儘管當時所有人都認為行情有機會拉回再往上，但他研判安納康達無法守穩300美元，這暗示行情反彈到了盡頭，放空安全無比，因此他開始放空些許股票試單。隔天安納達康股價開盤低於296美元，加上放空已經有了利潤，他便持續加碼放空各大族群股票，放空規模已經是佛羅里達州最大。後來，他回到紐約，持續放空4個月，獲利達到75萬美元，他便出清持股，前往法國度假。

某天，他在巴黎讀到一則發自紐約的電訊：煉鐵公司提高股利，股價開始強力反彈。他認為公司派想透過利多消息把股價炒高後，在空頭市場中，趁機倒貨給股民，此時股市已經跌了一大段，大多數投資人都認為目前是買進

的好時機。於是，他打電報回紐約放空煉鐵公司，而回報的價格已比原先下跌超過6點，代表他的看法沒錯。他立即動身回到紐約，並拿50萬美元開始放空更多股票。

隨著銀行資金開始緊縮、利率快速調升，股市越盤越低。直到10月，股市的情況更加惡化，24日股市出現恐慌性殺盤，原先對行情樂觀、一路攤平或持有股票的投資人，都在這一天瘋狂賣出股票，所有金融業也都在尋找資金，以應付外頭排隊領錢的存戶。李佛摩的朋友跑來找他說：「天啊！我覺得所有人都破產了，你根本賣不出股票，因為沒人有錢接手，整個華爾街在這一刻破產了！」

當晚金融家 J・P・摩根動用 J・P・摩根公司的緊急準備金與私人存款，並說服其他銀行家也跟著進場拯救自家銀行，解決可能引爆美國破產的危機。營業員將李佛摩的放空規模告訴摩根，並表示若他繼續放空，股市真的會破產，而且極有可能關閉交易所。時任紐約證交所總裁的蘭塞姆・托馬斯急忙跑到摩根的辦公室，表示他不得不提早收盤，以應付絕望的氣氛與所有人等著賣的股票。但摩根強調，一旦提前收盤將會帶來更大的災難，於是召集全紐約的銀行行長說：「若10分鐘之內無法籌到2,500萬美元，股市將會倒閉，所有人對於拯救股市都有責任。」

不過，既然所有人都沒錢，就沒有任何人能接手李佛摩不要的股票，於是李佛摩派幾個營業員到市場打聽是否還有買單，得到回報的結果是買家徹底消失了。這時放空

帳面的利潤大到驚人，美國卻可能因為金融恐慌而難以扭轉頹勢。既然放空已經賣不出任何股票，繼續空下去就失去意義，於是他轉為回補空頭部位且持續買進。當市場看到有人開始收購股票，充滿恐懼的企業與銀行家、散戶瘋狂地把股票全數丟出，讓他幾乎買在最低點。

同時摩根也派人告訴他：「請不要再賣出任何股票，市場已經無法承受任何壓力，請發揮你的愛國心。」這時他已經買進超過10萬股股票，並決定持有一段時間。**他當時放空的獲利超過100萬美元，在20世紀初期是非常龐大的金額，更不用說買在最低點的股票會在後續帶來更可觀的利潤。**紐約股市在他與摩根的協助下，快速上漲超過20％，反彈超過1倍的個股比比皆是。

這一天他彷彿成為華爾街的國王，可以決定所有人的生死。回憶當時，他說：「賺大錢的方法，就是在正確的時機，用正確的作法投資！很多人說，凡事總有正反兩面，但股市只有一面，並非多頭或是空頭，而是正確的那一面。每當我做了正確的事，利潤總會伴隨而來。我沒有祈求過能賺多少錢，只確認自己是否做對事。若做錯，我會很快離場，並等待下一次機會。」

【大師心法】

李佛摩的投資方式，早年著重於觀察股價漲跌，中晚

年則加入籌碼、業績、匯利率的判斷，而創造更高的績效。他最為投資人樂道的方式就是「追高殺低」，尤其是追逐創新高股票的作法，影響全球法人、股民甚鉅。他善於觀察股價波動，並熟悉大戶炒作股票的手法，為自己帶來巨額的獲利。除此之外，從不跟股票談戀愛，只在乎是否能賺錢，這幫他省掉很多利多空消息面的干擾。賺錢加碼、虧損砍掉，一直重複同樣的方式就能獲利。

我們在李佛摩的投資行為上學到：

1. 內部人的買賣動作，都會顯示在股價與成交量上，並且提前反應。

2. 利多空消息的真假以及政策影響，都會顯示在股價上，並且提前反應。

3. 面對虧損，唯一要做的是盡速離場拿回現金，學習教訓。

4. 面對獲利，唯一要做的是持有更多，並坐等出場時機。

5. 滿手現金時，該做的就是坐等機會。

6. 第一次進場，先少量試單。

7. 試單獲利後，快速加碼。

8. 獲利出場時，盡快拿回現金。

1-3

壽江：獨自來去天堂與地獄的作手

　　隨著計畫經濟發展，以及2018年MSCI指數首次將人民幣普通股票納入為成分股，中國投資市場對外逐步開放，吸引全球資金瘋狂湧入。但在2000年以前，卻是以內資為主力、大股東坑殺散戶的世界。任何想在其中討生活的投資人，有機會一夕暴賺，也有機會一日爆倉斷頭出場，所有的政策與消息面都是瞬間端出，說動就動、說停就停，看起來是法治市場，實際上充滿人治。

　　在一切莊家說了算的市場，能在其中長年存活且獲利的投資人，無一不是身經百戰的高手。經典著作《作手：獨自徘徊天堂與地獄，一個操盤手的告白》的作者壽江，一筆一劃寫下他的投資冒險傳記，讓世人得以一窺中國投資市場的險惡。

　　壽江在1995年做多國債，一夕暴賺690萬人民幣（約2500萬台幣），並在劇烈波動的中國期貨市場中穩定獲利，憑藉著膽識與經驗逐步累積本金。2000年，期貨市

場經過政府整頓後，上海橡膠期貨先漲到1.7萬人民幣，隨即暴跌回到1.3萬點。

多頭主力在1.4～1.7萬點間讓橡膠期貨上沖下洗，並且在1.4萬點附近整理一段時間。原先從1萬點飆到1.7萬點時不敢追的散戶，透過各種分析，認為價格已經拉回變便宜，因此開始買進。儘管價格出現類似底部的訊號，壽江從長期趨勢觀察，認為多頭主力不想再拉抬價格，目前只是在做最後抵抗。於是他準備一筆資金，等待進場放空的機會。

星期五，多頭主力給了散戶一個希望，開始在1.4萬點往上拉抬，走出投資者期盼的反彈行情，尾盤居然收在漲停板，號子裡的散戶熱情吆呼著同夥買進。壽江認為既然週五鎖住漲停，下週一開盤時至少會上漲5％以上。不過，週五的漲停板開開關關的，似乎符合他判斷的中長期趨勢往下，僅是短線上主力拉抬而已。於是他拿本金的1/3進場放空試單，並準備週一價格繼續往上時，尋求更好的放空點加碼。

週一，價格開盤往上衝高100多點，隨後殺回到開盤價，於是他開始加碼。然而，主力又在尾盤拉抬，讓放空部位出現虧損。**他決定如果價格突破1.5萬點，就將放空投資全數認賠退出；若再度跌破1.4萬點，則將第三批資金加碼。**

週二，開盤後的價格仍在1.4萬點以上震盪，過沒多

久突然出現急殺，價格瞬間貫破1.4萬點，於是他將最後一筆資金投入，並坐好等待出場的那一天。幾天後，價格再度下跌超過千點，他將資金全數退出，並將另一邊做多大連大豆期貨的部位也出清，兩者獲利讓本金成長超過100％。

關於這次投資，他說：「沒有人可以左右市場趨勢，逆勢拉抬的主力總有一天會認清事實。我要做的並非跟主力爭論，也不是為漲跌找理由，而是跟著價格調整我的買賣。想要有巨額的獲利，不需要聰明的腦袋，只需要坐在椅子上等待。」

【大師心法】

壽江的投資方式偏重觀察價格與研究走勢，他認為所有的利多空消息，都會提前反應在股價上。加上中國期貨市場充滿人為管控，等到數據與消息出爐時，早已經錯過買賣的時機點。因此，他確認商品的方向後，便會逐步增加或調整資金進場（通常分三批）。同一樣商品可以前一次做多，下一次放空，不放任何感情，只要能獲利即可。

我們在壽江的投資行為上學到：

1. 重視中長期趨勢。

2. 觀察與記錄股價在特定點位的表現。

3. 所有的多空消息，都會提前反應在價格上。

4. 進場前，資金分成三批，少量試單。

5. 試單獲利後，開始加碼。

6. 坐等獲利與機會。

7. 出場時，盡快拿回現金。

1-4

張松允：大戰國安基金，6天獲利8位數出場

　　張松允曾任國內期貨與證券董事長、總經理，靠著「敢重壓、忍耐、嚴格執行」的紀律，讓本金20萬成長到5,500倍的10億。他最為投資人樂道的，就是2000年大戰國安基金，6天獲利8位數出場，被封為期貨天王。

　　2000年10月19日，加權指數大跌350.95點，跌幅高達6.46％，台指期貨貫殺到跌停。尾盤時卻豬羊變色，期貨空單被大量市價買盤一掃而空，期貨跌停打開，留出極長的下引K線，國安基金進場護盤的消息不脛而走。隨後股市短短幾天便上漲千點，扭轉當時悲觀的空頭氣氛。不過，總統陳水扁宣布停建核四的消息，台股又出現重挫，打亂國安基金的佈局。

　　11月2日，國安基金再度力挽狂瀾，當天指數上漲201.06點，漲幅3.71％，且一路拉抬至當月台指期結算的前一日，正價差高達200點（台指期貨點數－加權指數點數，若是正數則稱為正價差，代表後勢樂觀），期貨未平

倉合約爆出歷史天量。張松允見機不可失，立即進場放空大量的股票與期貨。

當國安基金強力做多，而他反向放空時，所有人都笑他瘋子。但他說：「我腦子清楚得很，國安基金護盤手法太拙劣，擺明送錢給你花。11月15日是台指期的結算日，理論上在結算日時，台指期點數應該要與加權指數相近，但正價差高達200點。這代表若11月16日開盤沒有大漲200點，國安基金絕對大賠。**以當時空頭環境來看，怎麼可能隔天會大漲？所以當然全力放空權值股與期貨。**」

果不其然，16日一開盤，台積電開高後瞬間出現大量賣壓，盤中一度逼近跌停，其餘大型權值股均往下貫殺，加權指數跳空大跌282.89點，跌幅4.93％，並繼續下殺超過500點，才由國安基金再度出手護盤拉抬，這時也順勢回補放空部位，獲利8位數出場。**但股市後續仍持續下跌，直到隔年2001年9月，才真正見到最低點3,411.68點，再次證明趨勢並非任何力量可改變。**

對於這段投資經驗，他說：「一般人之所以無法累積財富，就是賺錢的速度太慢，賠錢的速度太快。見到好時機時，該衝不衝、怕東怕西，失去賺大錢的機會。該忍耐時又沒忍住，反而衝過頭。投資不是戰備儲糧，不用買起來等，而是要等時機來臨時進場，並勇於加碼，也許買進的價位不是最低、放空的價格不是最高，但報酬率往往最佳。等出場訊號出現時，快速拿回本金，繼續尋找下一個

投資標的。當然也有看錯的時候，但只要一賠錢，就立刻出場。這讓賺錢的速度加快，賠錢的速度減慢。」

【大師心法】

張松允的投資方式講求快進快出，與一般投資人喜歡長抱的投資模式相反。他總是尋找能最快獲利的機會，就算看錯，也是盡快脫手拿回現金，將資金做最有效率的運用。按照「等待→試單→加碼→重壓→等待→出清」的模式，一次又一次的複製，因此在13年後，讓本金成長為10億。他被稱為期貨天王與台灣李佛摩，真是當之無愧！

我們在張松允投資行為上學到：

1. 一旦趨勢成形，任何力量也無法改變。

2. 不見魚兒不灑網，獲利最大的關鍵在於等待。

3. 財富累積不是追求每年平均報酬率，而是加快賺錢的速度。

4. 永遠汰弱留強，追強殺弱。

5. 買進可重壓單一標的，放空得分散。

6. 兩口糧只吃一口飯，永遠都要有預備資金。

7. 散戶永遠只敢買現股，大戶卻善用融資與期貨。

8. 股市最正確的方向，不是多或空方，而是賺錢的那一方。

1-5

國際放空機構：揭發假財報狠撈一筆，證交所也救不了F-再生

　　渾水基金是一家神秘的美國調查機構，專門調查在美上市的中國企業，並發佈具有疑慮的調查報告。創辦人卡爾森‧布洛克說：「這個名字源自中國成語『渾水摸魚』」，**意指在美國上市的中國公司大多有各種問題，在其混亂的財務報表中，有許多放空的可乘之機。**

　　渾水基金的調查非常仔細，除了查閱財務報表，也會刻意尋找媒體誇大的企業研究。舉凡調查下訂單給該企業的客戶營運狀況、假扮財經記者與分析師拜訪公司、調查原料供應商、研究成品銷量、傾聽競爭對手的意見與財務比對、徵求該產業的研究人員與行家、聯合會計師與產研人員評估公司價值，過程往往長達半年以上。

　　從2009年開始，渾水基金發表四家在美國上市的中國企業研究報告：東方紙業、綠諾科技、多元環球水務、中國高速傳媒，導致這四家中國民營企業的股價崩跌，而被交易所停牌。2011年發佈嘉漢林業的放空報告，導致該檔

股票的股價短短一個月內，便大跌83.45％，而渾水基金放空大幅獲利出場。隨後再次出手狙擊新東方教育集團，使其股價暴跌34％。自此之後，只要是渾水基金推出的放空報告，就算內容不盡屬實，股價也會受到大戶與投資人的賣殺，因此讓該基金聲名大噪。後續更引發在美國上市的中國民營企業集體下市、返回中國掛牌的風潮。

　　隨著渾水基金轉戰亞洲股市，港股掛牌的20多檔企業也遭受攻擊，使得香港證交所不得不出面譴責，但仍抵擋不住投資人對問題企業的恐慌賣壓。除了渾水基金以外，其他類似機構也開始將目標鎖定在亞洲股市。

　　2014年4月初，國際放空機構格勞克斯發表在台灣上市的**1337 F-再生**作假帳的研究報告。當時為太陽花學運期間，國內政經動盪。儘管F-再生緊急召開記者會澄清，並帶領記者實際參訪中國廠房與投資事業，但法人與投資人的疑慮，仍讓股價數天內出現4根跌停板。

　　雖然在證交所信心喊話下，股價曾強力反彈3天，但隨著格勞克斯出具的報告越來越多，股價持續往下探底。事件發生時股價約在95元，直到格勞克斯放空獲利出場時，已經跌到30元以下，如今更只在10元附近徘徊。

　　相對於一手喊多、一手做空的外資券商，有人稱呼格勞克斯等放空機構為「真小人」。面對外界的評論，格勞克斯研究總監安達爾表示：**「放空機構具有嚇阻作用，能讓問題企業產生警惕。」**

【大師心法】

　　國際放空機構通常都相當低調神秘，不過當他們決定狙擊特定企業時，總是花費非常長的時間研究，甚至還聘請狗仔跟蹤拍攝，相對於一般大眾隨便聽取媒體或小道消息就買賣股票，當然獲利機會將大幅提升。

　　從F-再生狙擊事件可看出，一開始格勞克斯只是先放出少量利空數據與放空，觀察企業與股價的反應，因為此時大股東都會出手護盤對抗禿鷹。隨著資料一步步詳盡公佈，放空部位也持續加碼，直到股價崩跌、公司派放棄護盤為止。

　　我們在國際放空機構的投資行為上學到：

1. 獲利的來源在於詳盡的研究。

2. 別一次就把底牌全掀給對手看。

3. 等待有利的放空時機再出手，而不是天天買賣。

4. 提前少量佈局，觀察對手反抗力道，再做加減碼。

5. 持續複製能賺錢的方法。

6. 一旦趨勢與獲利成形，就是抱牢！

LESSON 2

放空前，必懂的 9 件事

2-1

什麼是放空？用一個小故事秒懂！

　　有天小明到美式賣場Costco逛街，看到上星期剛買的10,000元吸塵器降價，一台便宜3,500元。小明心想自己成了冤大頭，趕快跑回家把物品整理乾淨，拿到賣場櫃臺辦理退貨。刷退後，回到賣場拿一台新的吸塵器去付帳，心裡暗忖多省了一筆錢，可以拿來購物或繳帳單。

　　這個例子很眼熟，對嗎？而且套用到無遠弗屆的網購上，你是否也曾經做過同樣的事？

　　其實，這就是放空。怎麼說呢？小明雖然買的是同樣的東西，但一退一買，帳戶便多了3,500元資金可以運用。同樣情形套用到股市中，一檔股票原本的價格是100元，聰明的投資人經過分析後，預期這檔股票將會下跌，所以放空這檔股票，直到65元才出場。其中100－65＝35元的價格，按照證交所的交易規則，會自動入帳到投資人的戶頭（未扣除交易成本）。這跟小明退貨吸塵器再買進後，戶頭裡多了3,500元資金是一樣的道理。

　　所以放空一點都不難，你不但做過，而且樂此不疲。你不會堅持留著比較貴的吸塵器，繼續分期付款下去，對吧！

　　現在，放空對你而言，還很困難或是邪惡嗎？

　　若能接受放空的觀念，那麼股票下跌時，還需要一路往下買嗎？

　　股票不是無實體的數字，而是真正有實體的憑證。買賣憑證的資金也不會憑空消失，一個人的獲利就是另一個人的虧損。所以，當你買股票賺錢時，就代表他人虧損的資金流到你的戶頭；當你放空獲利時，同樣代表有人買股票虧損。資金會在每個交易者的帳戶中流動，這是永恆不變的道理。

　　舉例說明：小明與大華在研究後，同樣發現**2454聯發科**將在2015年第三季發出史上第二高現金股息21.99元，於是一同在股價450元進場各買一張（**圖2-1**）。買進後雖然有領到股息，但股價卻開始下跌。這時小明想起吸塵器降價的例子，而把手上的股票賣出並放空一張，但大華則堅信聯發科股價將會再起而繼續持有，況且股價比先前便宜不少，所以趁股價下跌時向家人調借資金多買幾張。

　　隔年，小明來回放空一、兩次賺錢後，發現聯發科股價已經修正到200元以下，股價確實反應業績利空很長一段時間，因此決定在公司公佈股利後逢低進場。這時，原

先只能買1張的本金，因為放空的獲利與存款已經能買到2張，所以決定分兩次進場，買股準備參加除權息。但大華因為一路往下買進，成本在高檔380元，後來因害怕股價續跌、更沒錢再繼續攤平，只好抱著虧損的股票等解套，就這樣又拖了段時間。

又過了1年，聯發科股價終於回到300元以上，也經過了兩次配息，大華見狀趕緊出場，幸運地拿回本金。但小明經過幾次配息，加上放空的利潤，還有逢低買進的價差獲利，已經將原先只能買1張的本金，擴大為2.5張。隨著聯發科產業轉型成功，跨足智慧音箱業績回升，在持有成本低的情況下，決定繼續持有該檔股票。3年的時間，大華只求回本，小明的資本已經增加一倍以上。

放空的投資方式，人類從農業時代就廣為運用。農夫趁稻米價格高時多換一些肉回來，趁水果便宜時多買一些，貴的時候就少吃點，現今社會也有很多類似的交易行為，所以放空其實就是貿易的一種。

套用到股市交易，以2017年股價最高達6,075元的股王**3008大立光**為例：小明認為股價6,000元的大立光，未來有機會修正，所以放空（趁價格好的時候融券賣出）一張股票。但大華反而覺得股王將會跟分析師講的一樣漲到10,000元，所以買進一張（趁便宜的時候買進）。

這一買一賣的動作，就是我們日常買賣股票的標準模式。當你賣出一張股票時，就有人買走這張股票。當你買

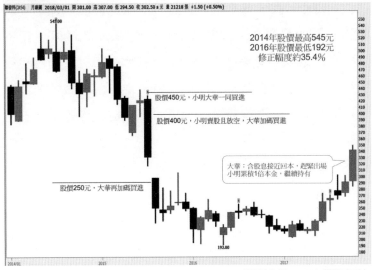

圖2-1　2454聯發科，2014～2017年月K線走勢圖

（資料來源：：XQ 操盤高手）

進一張股票時，表示有人不想要這檔，放空也是一樣的道理。半年內，大立光的股價從6,000元跌到3,420元，小明與大華的投資績效如下（不含交易成本）：

小明：6,000元放空大立光，3,420元買回，價差2,580元獲利入袋。

大華：6,000元買進大立光，3,420元停損賣出，虧損2,580元從帳戶扣除。

小明賺得2,580元＝大華虧損2,580元（不計算交易成本）。

　　小明賺走大華口袋中的錢，這筆放空的利潤也是來自口袋的資金互換。像買股票一樣，你賺的錢，就是別人賠掉的。道理很簡單，因為央行發行的紙鈔數量與金額不變，變的是人們交易過程中的帳戶數字。所以可別再說放空很邪惡，那代表當你投資賺錢時，從別人口袋中把錢挖走也很邪惡。但在賺錢時，你還會想到這件事嗎？

2-2

當股票一路下跌，除了逢低攤平，你還可以……

　　經過解釋後，相信讀者對於放空已有初步概念。但大多數投資人投資股票的習慣是：買、買、買。漲的時候買，跌的時候買，貴的時候買，便宜的時候買，總之每天都只想要買股票，除了某種狀況例外：有賺，趕快賣！

　　實際上，股票有多有空，有漲有跌，並不是只有往上一個方向。股票有時漲勢過猛，導致股價遠遠超出本身該有的價值。利多滿天飛，公司派也頻放產業前景好消息，但股價其實已來到高檔。這時投資人的想法通常有兩種：

①追，還有機會，說不定還有一波行情，賺一根漲停板也好。

②等，現在股價太貴，等拉回再買。

　　追很簡單，每個人都會買股票，只要往上漲，就看誰能抱得久。但如果買了之後下跌，有的人會砍停損，有的會抱著，更有許多人覺得「股價變便宜能買更多」而逢低

攤平。

　　以**圖2-2**的**2317鴻海**為例，2017年股價來到高檔120元時（自該年低點83.0元上漲44.5％），某外資端出一份震撼台股的報告，連美、中、港股市都受到影響。這一份長達226頁的研究報告，將鴻海定位為「世界資源的整合者」，道盡各項優點，甚至預估股價將漲至200元。一時間投資人紛紛湧進，融資大增，因為所有人都知道距離200元還有高達80元的價差可賺，外資根本是佛心來的，各財經媒體更是大力推崇。

　　只是短線見到122.5元之後，股價便開始下滑，直到

圖2-2 ▶ 2317鴻海，2017～2018年日K線走勢與融資對照圖

（資料來源：：XQ 操盤高手）

86元還沒有明確止跌的跡象，這一來一回又重新回歸起漲原點，然而許多投資人仍堅決抱股，並用融資一路攤平，等待解套的那一天。要是有放空觀念，想法就不是這樣，而會思考：

①追，如果股價仍有空間與好體質，那仍可以追。

②等，股價已經超過應有水準，往上空間不多，則可等股價轉弱時放空。

　　投資想法不會只想趁便宜時一路往下買，而是思考哪個時間點才是好買點，甚至還可以透過放空累積資本。

　　既然全台灣股民都知道鴻海的好，鴻海在這麼多利多消息中還無法漲上去，買股一定賠錢，最後只剩兩條路可選：放空或是空手。況且散戶拼命用融資攤平與抄底，就代表背後有大戶頻頻放出股票。如果連大戶都不要，豈不是放空的好選擇（如**圖2-3**，從融券張數持平觀察，會放空的人只有少數）！

　　投資不能只是單向思考，例如下班回家時，如果一心路塞車，可改走三多路。因為回家的方向一樣，換條路走一樣能到家。股票投資也是一樣，不是只有買買買，而是多空都能有獲利機會。

　　就像走在鐵軌上，遠遠看到火車來了，任何人都會先跳開，等車過了再走回去。同理，當看到股價下跌而買進，如果買了之後又跌，代表股價有問題。因為股票真的

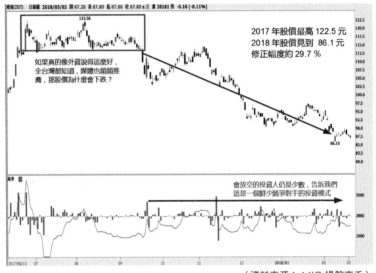

圖2-3　2317鴻海，2017～2018年日K線走勢與融券對照圖

2017 年股價最高 122.5 元
2018 年股價見到 86.1 元
修正幅度約 29.7 %

如果真的像外資說得這麼好，
全台灣都知道，媒體也頻頻推
薦，那股價為什麼會下跌？

會放空的投資人仍是少數，告訴我們
這是一個鮮少競爭對手的投資模式

（資料來源：：XQ 操盤高手）

如投資人想得這麼好、分析得這麼棒，則應該會上漲；如
果沒有，就暗示有地方出了問題，這時就該停手或賣出，
甚至於放空。李佛摩說：「由於這樣的作法與觀念，總是
讓我避掉因虧損而難以入眠的夜晚，能安心抱著股票睡好
覺，就算放空也是一樣。」

不過有時若能適時地攤平、逢低買進，當股價重新轉
強時，反而能賺得更多。這種情況也有一定機率會發生，
因為並非每一次股價拉回時，都會跟前述的例子一樣檔檔
大跌。但本書的前提並不是從短線的角度來看，而是以
8～10年的大景氣循環為背景，談論如何在趨勢當中找出

風險低的放空獲利機會。

　　圖2-4是台股加權指數自1987年起，到2018年本書付梓的30幾年之間的月K線走勢圖。其中出現過4次大的景氣循環：

● 1987 ～ 1990 年

　　這一波走了近4年的多頭行情（若延續1980年後的漲勢，則約為10年），加權指數從1,039點漲到12,682.41點。在證交所開放信用交易制度，與行政院推出「改善投

圖2-4　1987～2018年加權指數月K線走勢圖

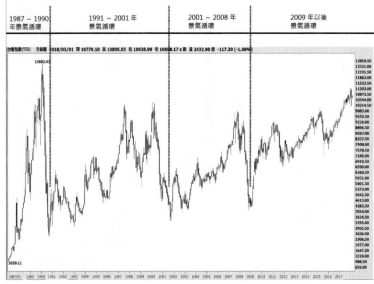

（資料來源：：XQ 操盤高手）

資環境及促進投資方案」、「引進僑外資投資證券計畫」
等政策做多影響，於突破千點後展開史上最強勁的多頭走
勢，光是加權指數漲幅就超過12倍，創下史上最高萬點行
情，至今這個記錄仍未被打破。

時勢創造出當時的股王**2882國泰金**，股價漲到1,975
元的天價，而本業是做火柴的股后**9902台火（圖2-5）**也
因土地資產價值而飆到1,420元。隨後，在伊拉克入侵科
威特、日本日經指數崩盤、上海證交所成立、國內金融弊
端爆發等一連串事件後，短短8個月加權指數殺回到
2,485.25點，跌幅高達80.4％。如今30年過去，國泰金股

圖2-5 9902台火，1988～1991年月K線走勢圖

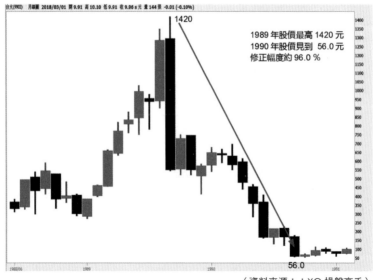

台火(9902) 月線圖 2018/03/01 開 9.91 高 10.10 低 9.91 收 9.96 s 元 量 144 張 -0.01 (-0.10%)

1989 年股價最高 1420 元
1990 年股價見到 56.0 元
修正幅度約 96.0 %

1420

56.0

（資料來源：：XQ 操盤高手）

價一直在百元以下浮沈，而台火股價不僅當時直接殺回到56元，最後還見到2元的低價。

這一次的經濟榮景，多頭格局維持約9年，然後修正1年，請先記住這個數據。

● 1991 ～ 2001 年

隨著中國改革開放，台灣產業由農業、重工業，轉型進入電子製造業。全球資金湧入亞洲，台商也在中國遍地設廠，靠筆電代工賺進大把利潤。NB代工五虎——廣達、華碩、鴻海、仁寶、緯創，以及智邦、兆赫等網路股，取代過往的金融資產股，成為投資人追捧的對象。

自此，電子股開始主導台股，連在1997年亞洲金融風暴當中也不減漲勢，加權指數上升到2000年的10,393.59點，自前一波低點的2,485.25點起算，漲幅超過4倍。幾任股王包括**2357華碩**曾出現890元高價，**2382廣達**也有850元，**3026禾伸堂（圖2-6）**更是一上市就連拉27根漲停板，直奔999元。

隔年2001年，加權指數驟跌至3,411.68點，華碩只剩95元，禾伸堂殺至38.5元，跌幅更為驚人。**這一波景氣榮景至此走了約9年，修正1年，跟前一次的循環時間相近。**

● 2001 ～ 2008 年

2000年後，台灣首次執政黨交替，經歷過當時全球的

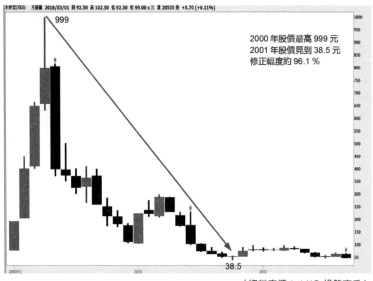

圖2-6 3026禾伸堂，2000～2002年月K線走勢圖

（資料來源：：XQ 操盤高手）

網路泡沫後，政府推出綠能、兩兆雙星產業再造，走出NB代工業的殺價競爭，營造出台灣位居全球半導體產業龍頭的盛世。茂迪、益通等高價股，與搭上全球風潮的聯發科、群聯、致新、立錡、揚智、智原等龐大IC設計族群，無懼國內紅衫軍的政治利空，帶領台股再度往上成為投資人最愛。當時，聯準會利率攀升，導致美國二房事件爆發，讓指數叩關萬點失敗，但最高也來到9,859.65點。

隨著政黨再次輪替與金融海嘯爆發，加權指數跌回到3,955.43點，歷任股王**6244**茂迪股價從985元回到49.4元、**3452**益通（**圖2-7**）股價從1,205元掉到71元，更不

用說IC設計族群血流成河。當時最高價的股票**2498宏達電**，股價更從1,200元修正到256元，而金融股僅剩個位數的更是不少。**這一波景氣榮景走了約7年，修正1年。**

　　由這三次的景氣循環來看，股市都走出7～9年的上漲格局，以及1年的修正行情，加起來約是8～10年。**無論每一次的炒作題材與理由為何，隨著全球利率的上下調整，經濟與股市永遠會依「復甦→極盛→極衰」的循環模式反覆下去。**

圖2-7 3452益通，2006～2009年月K線走勢圖

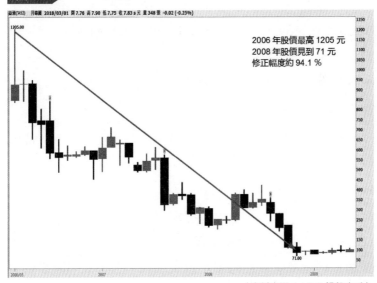

2006 年股價最高 1205 元
2008 年股價見到 71 元
修正幅度約 94.1 %

（資料來源：：XQ 操盤高手）

● 2009 年之後

　　美國聯準會為了救市開始調降利率，並推行QE貨幣寬鬆政策，全球央行也跟進釋放資金到民間。營造再一次的全球榮景，各國股市無一不創歷史新高，美國股市更領軍大漲數倍。

　　台股也誕生許多新紀錄，例如最長的萬點行情、上市櫃企業總營收與股息發放總額創歷史新高、失業率創金融海嘯後新低，各項經濟數據都有優異表現。直到2018年，聯準會才開始加快腳步升息，各國央行也為了抑制通膨而陸續跟進。

　　台股這一波由蘋果族群領軍，創造史上最高價的股王**3008大立光**6,075元、最高市值的**2330台積電**268元，以及無數漲幅超過10倍以上的高價股，推升加權指數來到1.1萬點以上，市場紛紛喊出有機會挑戰30多年前的歷史高點。

　　但就在此時，年度獲利EPS逼近200元，預計發出72.5元驚人股息的大立光，股價卻快速腰斬到3,420元（跌幅43.7％）。全球領漲的美國道瓊工業指數，連續出現破紀錄的千點大跌，台股也出現史上前10名的修正走勢。

　　掐指一算，自2009年起，全球股市已經走了10年大多頭，再度進入升息循環，這也代表著股市火車頭準備要

轉向了！對照前幾次榮景後股王與指數的修正幅度，投資人得問自己：若再次出現景氣衰退，指數動不動就跌掉好幾千點，股價也輕易出現80～90％以上的跌幅，是一路往下攤平能賺錢，還是放空才能累積資本？

懂得放空，並不是一看到股價轉弱就急著進場，也不是隨便抓一檔股票就想打死它，而是**順勢獲利**，**賺取每次景氣循環開始調整的行情利益**。學會放空可以讓投資人：

1. 每次投資股票賠錢，不再只會停損或攤平。
2. 在空頭市場中可以保本兼獲利。
3. 在股市低檔時有更多資金能存股。
4. 在股市危急時展現愛國心，拿放空賺到的錢協助政府護盤。

說到這裡，既然讀者早已習於放空，也體會到放空的樂趣與好處，更想要在空頭市場中獲利（就算不是空在最高點，買在最低點，但扣頭扣尾也有機會獲利20％，而且實際交易上放空賺得更快），接下來就跟著本書逐一做好事前工作，著手學習並進行放空，別講藉口、別再恐懼，準備迎接10年來最佳進場時機吧！

2-3

小麻雀、水牛、禿鷹，你是哪種散戶性格呢？

　　自2009年金融海嘯後到2018年，全球股市已經走了10年的大漲行情，加權指數自3,955.43點飆到11,270.18點，無論股價、業績、股息都天天傳來好消息，可以想像維持了10年的大多頭，成就多少財富。

　　但這10年來，股市並非一路由4,000點附近直接漲到破萬點，其中有許多起伏，例如：2010年爆發冰島破產事件，加權指數便從8,395.39點跌到7,032.40點；2011年連續發生三一一大地震、福島核災、歐債風暴，也指數從9,220.69點摔回6,609.11點；2012年的證所稅、勞健保倒閉疑慮，同樣引發不少行情震盪。2015年全球股匯債同殺，更出現2,811.21點的跌幅，加權指數彷彿跳水般破萬點後一路往下。2018年2月初，出現台股史上單日第6大跌點的542.25點，從區間來看指數修正了千點。

　　由此可知，在這波史上最長萬點行情前，股市走勢上下波動不斷，而非平穩一路上漲。參與者由於個性與資金

的不同，買賣方式與觀點差異極大，通常有以下三種。

● 小麻雀

　　加權指數近10年來最高突破萬點，最低見到三字頭
（**圖2-8**）。在這樣的行情中，小麻雀看到的如**圖2-9**所
示。小麻雀不管現在行情是多還是空，也不管趨勢變化，
看的K線週期都很短期。他最在乎的不是趨勢好壞，而是
今天有沒有股票可買？能不能賺個便當錢、買菜錢？

　　清晨：小麻雀很早起床，先看昨晚美國股市走勢，再
看三份報紙得知10檔股票消息。

　　上午：盤中偶爾聽電視解盤，或在上班時與其他麻雀

圖2-8　加權指數，2005～2018年月K線走勢圖

（資料來源：：XQ 操盤高手）

圖2-9 小麻雀股市視角圖＋2018年加權指數日K線走勢圖

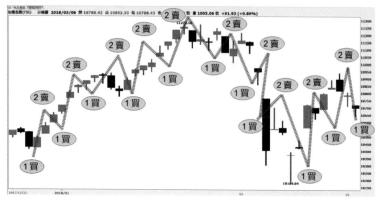

（資料來源：XQ 操盤高手）

交流投資訊息，得知20檔股票消息，聽到其他麻雀靠哪檔股票賺了不少錢。

下午：趕場到券商或飯店聽講座，台上講師很大方的提供全場麻雀聽眾20檔明牌。

晚上：聽著財經頻道與電視盤後分析，又得知20檔今天的強勢股，並且研究三大法人買進或賣出哪些股票，找出10檔好股票。

週末：到書局閱讀雜誌，得到30檔股票的報導。

小麻雀一星期至少得到100檔股票的資訊，若再加上親友偷報的明牌，更不只這些，趁著週末研究後，準備下週開盤時進場搶進。小麻雀認為有買有賣才是真英雄，希望每天都有股票在手，這檔賣掉再買一檔，不能錯失任何

一天的漲跌，也不能錯失任何一檔會漲的股票。他不在乎現在大環境到底是好是壞，只求在短期間賺點零頭，權當領薪水的概念，拿一百萬每天賺500元，或是一千萬每天賺5,000元，不是很簡單嗎？每天從股市提款是小麻雀的最愛，所以每天或每週在圖中的1、2點之間跳來跳去，認為與同伴嘰嘰喳喳地討論與互報明牌，樂趣無窮！

小麻雀常掛在嘴上的一句話就是：「有買有賣真英雄，賺個便當樂無窮。」

● 水牛

不同於小麻雀在漲跌的趨勢間每天跳來跳去，水牛的中心思想是「選股不選市」，不管大環境多或空，買股來抱就對了。他們看到的股市如**圖2-10**。

加權指數在5,000點，他們就選擇好股票買進來長期持有，8,000點也是買股票來抱，到1萬點還是繼續買進，就算未來上了2萬點，做法還是一樣。對水牛而言，小麻雀做價差太辛苦又花時間，不如學股神巴菲特買金融股、ETF、大型績優股來存，每年躺著都能賺到股息與價差。

照理來說，水牛在看到股市大跌時，都應該要高興地進場搶股。但事實上，大多數的水牛看到股市崩跌時反而嚇得半死，最後把股票拋出，等到股市上萬點時，看到其

圖2-10　水牛股市視角圖＋2005～2018年加權指數月K線走勢圖

（資料來源：：XQ 操盤高手）

他水牛靠存股賺很多錢，才又想買股來存。這是很常見的現象，不信？讓我們來看以下例子（**圖2-11**）：

A波：2018年1月是穩漲的行情，巴菲特對美國股市樂觀，加碼買進不少股票。但有些水牛覺得股價太高而不敢追，或是追了又因股價波動大，而跟小麻雀一樣有賺就跑。他心想：如果有拉回來，就是便宜買進來存的時候。

B波：2018年2月，加權指數迅速崩跌1,000點以上，最低曾經一天崩跌542.25點。水牛這時理應趁機買股，但卻被崩跌嚇得半死而不想淌渾水。等到指數又漲一大段之後，才又想買股來存。

聰明的水牛買在5,000或8,000點以下，等行情到1萬

圖2-11　水牛股市視角圖＋2018年加權指數日K線走勢圖

（資料來源：：XQ 操盤高手）

點時，大賺一筆成了金牛，紛紛把好康告訴其他水牛。其他水牛在看到金牛存股的成績後，便不管行情好壞急著存股，期盼自己也能成為金牛，卻剛好成為金牛賣股的對象。於是水牛後來學到一招「定期定額」，越跌越買、逢低攤平可以買越多，反正金融股與ETF不會倒，套牢也不用怕。但他們忘記歷史教訓：**2882國泰金**曾經從1,975元跌到24元，**0050台灣50**也從72.3元殺回28.53元，更不用講歷任的台灣之光，最後幾乎都成為雞蛋水餃股。就算有些股票或ETF有漲回來，耗費多年只求回本的買賣，也實在稱不上好的投資，但水牛仍樂此不疲。他們忘記巴菲特合夥人查理‧蒙格說過的話：「就算我們多麼看好一家公司，也會等到股價跌不下去時才買進。」

總之，水牛常掛在嘴上的一句話就是：「隨便買，隨

時買，不要賣。」

● 禿鷹

　　禿鷹總是在天上高飛盤旋，他不像小麻雀每天到處找股票買，也不像水牛一樣死守股票，更不想被投資綁死生活。他喜歡鎖定獵物後俯衝而下，一次抓住食物再回到安全的地方用餐，其餘時間則遨遊於天際，享受生活的樂趣。而禿鷹看到的走勢如**圖2-12**。（可與**圖2-13**比較）

　　禿鷹與小麻雀乍看之下看的好像一樣，但仔細觀察就會發現，小麻雀看的週期很近，而禿鷹看得很遠，但又不像水牛一樣，只有存股一種做法。禿鷹總是滿手現金等待

圖2-12 禿鷹股市視角圖＋加權指數月K線走勢圖

（資料來源：：XQ 操盤高手）

時機，平時則交給小麻雀與水牛去創造成交量與人氣。

他不急著買進或放空股票，只是在高空中俯視行情的變化。有時看到不錯的股票，會先飛低一些買個幾張或少量放空來測試，如果走勢不如預期就退出，拿回現金飛回天際。但當測試的股票開始獲利，代表自己的推論無誤，這時他就會全力以赴，按照計畫投入所有資金，確立買或空的張數，等到吃飽喝足時再退場。

禿鷹常掛在嘴上的一句話就是：「三年不開張，開張吃三年。」

● 我是哪一種？

投資人的習慣可分為以上三種類型，並主導著投資人的中心思考與邏輯，但除了主要傾向之外，也會有其他潛藏的類型特質，例如：「麻雀＋水牛」或是「禿鷹＋水牛」，也多有「麻雀＋禿鷹」的組合。每個人都有隱藏的投資性格，與一般理性的外在表現不同。

有人以為自己是水牛，但看到股市大跌，卻跟麻雀一樣嘰嘰喳喳地喊著逃命。有人以為自己是禿鷹，卻每天在股市中買賣沖浪。只有少數人會成為真正的禿鷹，原因很簡單：當禿鷹很麻煩也很無聊！怎麼說呢？

①禿鷹可以買股也可以放空。（小麻雀與水牛都說：這好可怕。）

②禿鷹可以好幾個月滿手現金。（小麻雀與水牛都

圖2-13 小麻雀＋水牛股市視角圖＋加權指數2018年日K
線走勢圖

（資料來源：：XQ操盤高手）

說：這好無聊。）

③禿鷹可以好幾個月抱著股票不動。（小麻雀說：無
聊透頂。）

④禿鷹可以好幾個月不看股市。（小麻雀與水牛都
說：超級無聊。）

⑤禿鷹買股放空總是需要做好計畫與分析。（小麻雀
與水牛都說：這太麻煩。）

⑥禿鷹總是鎖定幾檔股票大買大空。（小麻雀與水牛
都說：集中投資，這很危險。）

⑦禿鷹獲利總是見好就收並且準備放空。（小麻雀與
水牛都說：賣掉又續漲怎麼辦？）

⑧禿鷹總是在股市崩跌後開始少量買股。（小麻雀與

水牛都說：你瘋了嗎？）

⑨ 禿鷹總是試單賺錢後逐步加碼持股。（小麻雀與水牛都說：有賺加碼，這很危險，會不會追高？）

⑩ 禿鷹總是習慣自己研究，不太關注媒體報導。（小麻雀與水牛都說：我很忙，沒時間，有人幫我分析最好。）

⑪ 禿鷹總是活在玩樂中。（小麻雀與水牛都說：那是有錢人的生活。）

⑫ 禿鷹可以存股或做價差，也可以什麼都不做。（小麻雀與水牛都說：神經病！）

不過，禿鷹可以選擇自己想過的生活，如**圖2-14**。

行情往上：買股＋存股＋領股息＋賺價差。

行情往下：放空累積資本＋尋找下一波要買的好股。

由於這樣做，他可以等觀察到有利的賺錢機會才進場，不必每天將心情綁在股市，隨著行情上下起伏；也可以買進任何一檔好股票，而不是永遠只有大家都說好的**2330台積電、0050台灣50或0056高股息**。禿鷹只需順應行情做出該做的反應、跑完投資該有的流程，至於獲利的多寡，則交由上天來決定。成事在人，富貴由天。樂活於股市，該遠離股市就休息，該關注股市漲跌時就全力以赴，而不是當個緊張大師，或是過著退休人士的生活。

圖2-14 加權指數2010年日K線走勢圖

放空＋累積資本
尋找下一波好股

買股＋存股
領股息＋賺價差

（資料來源：：XQ 操盤高手）

　　很多人以為放空只是賺股價下跌時的獲利，事實上，**擅長放空的投資人反而更注意另一個關鍵：買點。**他除了必須把放空的持股買回來，更重要的是，當市場在極度恐慌時總會胡亂砍殺股票，因此也要注意有很多好股票被錯殺而出現便宜的買點。

　　多與空是股市的兩面，漲多之後走空，跌多之後起漲，永遠沒有只漲不跌或是只跌不漲的行情，多空本是相扶相倚。當你對放空的方法與觀念越熟悉，判斷股票的買點就會越準確。如果投資人只會在股市裡踩油門，總有一天會失誤賠錢，但學會踩煞車，將可長命百歲。

　　若你嚮往禿鷹的投資與生活方式，你非常適合放空，就算不放空，也能掌握到何時買股較適合。如同國內電子業大老說的：「只要成本比別人低，那要賠錢也不易！」

2-4

只要完成 6 步驟，就能開始下單放空

台股放空的方式有很多種，常見如下：

1. 放空股票。

2. 買進反向ETF。

3. 買進認售權證。

4. 放空期貨。

5. 買賣選擇權。

6. 借券。

本書主要談論的範圍，是多年來廣大投資人較常用的方式：放空股票＋買進反向ETF。

1. 開設信用帳戶，你要準備哪些證件？

要放空股票，首先得要向券商申請「證券信用交易帳戶」，也就是可使用融資融券來買賣股票的資格。投資人需要符合以下條件才能開立：

① 於任何證券商開立受託買賣帳戶滿3個月以上。
② 近1年內至少有10筆交易,累計成交金額須達申請額度50%。
③ 合計各種財產證明應達申請額度30%。

簡單來說,投資人除了開戶需要攜帶的雙證件之外,還要附下列財力證明,券商將依據財力提供信用額度:
① 不動產所有權狀影本、登記謄本或繳稅稅單。
② 最近1個月的金融機構存款證明(如存款餘額證明書、存摺影本、定存單影本等)。
③ 所持有價證券證明。

即使沒有提供財力證明,券商也會提供最低的信用額度給投資人買賣,通常約在30～50萬。如同我們到銀行辦理房貸,銀行會根據房產估算、個人還款能力等條件來評估,並給出最高貸款上限,例如500萬。這時我們就可以決定是要貸到500萬,還是只要300萬,其餘費用以自備款補足。券商給的信用額度也是一樣的道理。

按金管會規範,法人不能辦理信用帳戶,因此近年來為了便利法人投資避險與放空,推出許多衍生性的ETF,當然也開放給投資人買賣,例如:**00632R 元大台灣50反1**(簡稱R股),就是一檔可用來放空0050台灣50的ETF,也是全世界規模最大的反向ETF。投資人要買賣ETF,需簽

署「指數股票型期貨信託基金受益憑證風險預告書」（可於券商網頁上簽署，如**圖2-15**）。

圖2-15 元富證券官網：風險預告書

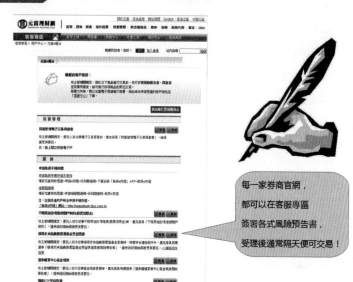

每一家券商官網，都可以在客服專區簽署各式風險預告書，受理後通常隔天便可交易！

　　但事實上，會運用融資融券買賣股票的投資人比例較少，因為投資人看到要開立信用帳戶時，通常會開始遲疑與恐懼，於是多採用漲也買、跌也買，只使用現股交易的投資方式。不用擔心，開立信用帳戶如同到銀行辦理房貸、車貸，或是申請信用卡刷卡額度一樣，並不可怕。

　　此外，投資人也畏於向券商融資買股票或融券放空股票，因為我們常在媒體上聽到這樣的建議：千萬別用融資

或融券，以免造成大幅虧損。但這些看似頭頭是道的建議，卻充滿許多矛盾，為什麼呢？

① 千萬別用融資（融券）

這句話聽起來是對的，但讓我們思考幾個問題：

跟銀行借房貸也是融資，也需付利息，難道你買房子都全用現金嗎？

刷卡分期付款也是融資，所以購物刷卡很危險嗎？

鴻海董事長郭台銘到中國設廠，他用的是自己的存款，還是跟銀行借錢呢？

美國總統川普之所以能成為房地產大亨，都是用自己的錢投資嗎？

每一位成功的企業家都知道如何與銀行打交道，這是當老闆最基本的能力與常識。每一位成功的投資人也都知道，何時該跟券商借款買股票、何時該賣出股票，讓手上現金多一些。券商VIP室的投資人或是存股達人，都會透過利差套利來擴大投資部位、提升獲利。既然上市櫃企業家與投資高手都會用融資，普羅大眾也會用融資買車買房買奢侈品，那為何不能用融資買股或用融券放空呢？

原因很簡單：因為懂得買賣時機與套利技巧的投資人太少，連媒體專家也是如此，所以少講少錯（說了半天大家也不敢做，還會害收視率或銷售率下降），因此喜愛追著媒體言論跑的投資人，當然就鮮少接觸這樣的管道。

②千萬別用融資（融券），以免損失擴大

假如融資融券對於投資人不好，那為何金管會還要維持這個制度？應該盡快廢除，才不會放任券商為了搶客戶而將借款利息越殺越低。既然制度不廢除，券商也頻頻推出大戶優惠方案，就代表使用信用交易的人非常多，並非如一般大眾所想得如此可怕。

另外，為了避免投資人過度交易與信用破產，券商也設立許多保護機制，例如**當投資人使用融資融券交易時，一旦股價修正超過一定程度，營業員會立即通知當事人是否出清持股或補足保證金**。若投資人放任股價修正，則券商會將股票砍出，扣除成本後將剩餘的資金退還。

相信各位投資人都曾聽過不少股票虧損超過50％的例子，為什麼這些人可以忍受股票跌這麼多都不賣？原因很簡單：用現股買，再加上大家有反正不賣還有機會解套的心態。但用融資買股或融券放空時，若股價現值／融資（融券）金額（即融資或融券維持率）小於130％，就會接到營業員來電，提醒投資人補足保證金（這句話的意思就是：你做錯方向了，趕緊認錯，別一直凹單），如果投資人沒動作，券商便會將投資人的股票全數砍掉拿回現金。這是很棒的機制，能抑制虧損額度，對於不懂股票買賣點的投資人更是有利，避免長期持有不適當的股票，多年後只剩一堆雞蛋水餃股，卻還幻想能解套。

當然，如果能自主控制風險的投資人，就更不可能坐

視投資虧損超過一定程度，不會有被券商強制賣出或回補的機會，更不會讓股票套牢而想改為存股。

③ 股票比現金多，還是現金比股票多

華爾街投資大師彼得‧林區曾說：「投資其實很簡單，只要搞懂何時股票比現金多，何時現金比股票多，就能獲利！」股市每年都有2～4次的買進或放空機會，其餘時間股價大多盤整。只要耐心等待幾週或幾個月一次的進場時機，向券商融資買股或融券放空，放大資金進場。

然而，有些每天一定要交易的投資人認為，股市每天都有投資機會，當我們滿手現金等待時機時，他們便幫我們打造機會。在股市低迷、投資人紛紛砍股時，就是進場好時機，而在投資人熱衷於搶買股票，利多滿天飛卻不漲時，通常也是放空的好機會！

如果投資人搞不懂何時該買進或放空股票，他當然只能用現股與定期定額的方式買進，並且癡癡地等待賺錢或解套的機會出現。但就像鴻海集團董事長郭台銘善用趨勢，找出何時該擴大信用建廠、何時該保有現金，而不是每天到處併購。同樣是投資，每天用現股買賣，跟在正確時機進場大買或大舉放空，哪一種方式勝算比較高、比較容易獲利？道理其實不難！

④金管會券商歡迎投資人放空

近年來，金管會為了解決法人避險與放空股票的限制，以及推動ETF商品普及，授權券商研發許多正反向的ETF投資方式，方便法人與投資人做多空買賣。其中最受矚目的是正向ETF與反向ETF，以**0050台灣50**為例，就有**00631L元大台灣50正2**（以下簡稱L股），以及**00632R元大台灣50反1**（以下簡稱R股）兩檔多空ETF可供選擇。

當投資人認為台股將上漲時，除了可以買台灣50之外，也可以買進L股。當預期台股即將下跌時，則可以買進R股。重要的是，無論是L股或R股都可以融資買進或融券放空。試想：如果信用交易真的會危及投資人的資產，那為何全球監管最嚴格的台灣金管會要開放呢？

2. 下載看盤軟體或券商 APP，省下時間和錢！

完成開戶與簽署相關文件之後，營業員會告知我們，可以用電腦到官網下載看盤軟體，或是透過手機下載該券商的APP。通常電腦看盤軟體的資料與功能較多，投資人可以很快找到許多實用資訊，例如幫助富邦證券、凱基證券、中信證券設計電腦看盤軟體的嘉實資訊「XQ操盤高手」（**圖2-16**）。手機APP則講求隨時隨地均可下單與看盤，以協助全台券商設計APP的三竹資訊（**圖2-17**）最為著名。這些看盤工具不僅資料充足，也可自行選擇付費功能，不過實際運用上，投資人使用各券商的免費軟體與

圖2-16 XQ操盤高手（嘉實資訊）

圖2-17 三竹資訊

APP便已足夠。

3. 除了放空，買進反向 ETF 更安全！

一般投資人透過電腦看盤軟體或手機APP買賣股票

時,通常都是選擇以下方式:

現股買進→現股賣出

融資買進→融資賣出

零股買進→零股賣出

放空的買賣選項稍微不同。假如投資人認為某檔股票有機會從100元跌到50元,決定進場放空而非逢低買進,則需要先向券商「借」一張股票來「賣」,其道理如同消費者選擇將之前在賣場買的較昂貴吸塵器退貨(=賣出),然後到賣場買較便宜的商品(=買進)。

因此,下單的方式就改為:

融券賣出→融券買進(俗稱回補)

至於近年來國內券商大量發行的反向ETF,買賣方式與操作**0050**台灣**50**相同,都是先買進後賣出。差別在於,當台灣50或加權指數下跌時,這些反向ETF會上漲。

其中成交量較大的有:

00632R元大台灣50反1(放空:台灣**50**)

00664R國泰台灣加權反1(放空:台灣加權指數)

00676R富邦台灣加權反1(放空:台灣加權指數)

00686R群益台灣加權反1(放空:台灣加權指數)

00705R台新MSCI台灣反1(放空:**MSCI**台灣指數)

00691R兆豐藍籌30反1(放空:台灣藍籌**30**指數)

以**00632R元大台灣50反1**來說，當**0050台灣50**下跌1％時，這檔反向的ETF會上漲1％，這就跟放空是一樣的道理，當對應的股票或指數下跌時便可以獲利。這些新型的衍生性ETF，對於放空初學者來說，是非常適合的入門工具。另外，有別於國內對於放空股票的部分限制，這些反向的ETF更多了靈活性；買賣的方式也與股票相同：

現股買進→現股賣出

融資買進→融資賣出

零股買進→零股賣出

另外，投資人不只可以透過反向ETF放空台股，也能放空國際重要股市，如美、中、日、韓，甚至石油與黃金都可以放空，而且每天的成交量還不少。以下列舉：

① 美國股市反向ETF

00669R國泰美國道瓊反1

00648R元大S&P500反1

00671R富邦NASDAQ反1

00684R元大美元指數反1

00677U富邦VIX（恐慌指數，與標普500指數高度負相關）

② 中國股市反向ETF

00634R富邦上證反1

00638R元大滬深300反1

00656R國泰中國A50反1

③ 日本股市反向ETF

00641R富邦日本反1

00659R國泰日本反1

00707R元大SP日圓反1

④ 其他股市反向ETF

00651RFH香港反1

00666R富邦恒生國企反1

00654R富邦印度反1

⑤ 原物料與債券反向ETF

00673R元大SP原油反1

00674R元大SP黃金反1

00681R元大美債20反1

00689R國泰20年美債反1

第一次放空股票時，可以選擇一檔低價金融股（漲跌幅度小、價格低，方便學習放空），按下融券放空後順利

成交的那一刻，便會知道原先擔心的都是多餘。**表2-1**是買股、當沖與放空股票下單時常用的交易選項，三者互相比對就會發現，其實放空就跟喝水一樣容易！

表2-1 ▶ 常用交易選項對照表

	買進	當沖	放空
進場	現股 / 買進 融資 / 買進 零股 / 買進	現股 / 買進 融資 / 買進	融券 / 賣出
出場	現股 / 賣出 融資 / 賣出 零股 / 賣出	現股 / 賣出 融券 / 賣出	融券 / 買進

4. 放空前必懂的專有名詞，以免吃虧還不知道！

台股是全球公佈數據最多的市場，除了每月、每季、每年的營收財報之外，每天收盤後與股市相關的資料還有：三大法人買賣超、融資融券（增減）餘額、個股融券餘額、券資比等。這些專有名詞與數據，無非是證交所鼓勵投資人買股的一番好意，卻總是讓人卻步。因此，以下針對融券放空相關名詞提出解釋與看法。

① 融券回補

簡稱回補，也就是在融券賣出放空後，融券買回的意

思，由投資人自己決定進出場時機。但台股每年會有兩個時間點，證交所規定必須「強制回補」：

■股東會前，融券強制回補

每年5～6月是上市櫃公司召開股東會的時間，由於要寄發通知書與發送禮品，因此需要確認股東名冊。而放空投資人的股票是跟券商借來放空的，並非正式股東，所以要將股票歸還券商，以便上市櫃公司股務部門計算，這稱為：股東會前融券強制回補。依據規定，股票歸還券商的時間必須在股東會兩個月前，因此每年3～4月都是融券強制回補的高峰期。

如**圖2-18**，**2330台積電**將於2018年6月5日召開股東會，公告日期後，也會一併註明融券回補日（通常為股東會前1～2個月，本圖中所示融券回補日為3月28日）。這時放空台積電的投資人，就必須在3月28日（含當日）前，融券買回放空的張數。

■除息前，融券強制回補

每年6～9月是上市櫃股票的除權息季節，為了確認發放股利的對象，也需要確認股東名冊。而放空的投資人同樣要將股票歸還券商，以便上市櫃公司股務部門計算，這稱為：除息前融券強制回補。

如**圖2-19**，**2881富邦金**將於2018年6月26日除息，公告日期後，也會一併註明融券回補日（通常為除權息前5個工作日，本圖中所示融券回補日為6月20日）。這時放

圖2-18 **2330台積電2018年股東相關行事曆**

行事曆					
	股東會	除息	除權	現增	減資
日期	2018/06/05	2018/06/25			
最後過戶日	2018/04/03	2018/06/26			
停止過戶期間	2018/04/07 2018/06/05	2018/06/27 2018/07/01			
融券最後回補日	2018/03/28	2018/06/19			
停止融資期間					
停止融券期間	2018/03/28 2018/03/31	2018/06/19 2018/06/22			
新股上市日					
息值/權值/現增股數		8.00			
現金股利發放日		2018/07/19			
現增價格					

（資料來源：：XQ 操盤高手）

空富邦金的投資人，就必須在6月20日（含當日）前，融券買回放空的張數。

② 平盤下禁止放空

2016年台股將漲跌幅由7％放寬為10％後，為防止股價連續重挫造成投資人巨幅虧損，因此金管會主委新增一條規則：**前一日跌停股，隔日股價需在平盤以上才可放空**。所謂平盤就是前一天的收盤價，例如有檔股票昨天收盤價剛好在跌停的100元，則今天的平盤價就是100元，平盤以上為上漲（收紅），平盤以下則是下跌（收黑）。

假如今天一早這檔股票股價跌到95元，也就是平盤價100元以下，就不能放空，得等到股價回到100元或更高的價位才能執行融券賣出。這項規定雖然是為了保護投資

圖2-19 2881富邦金2018年股東相關行事曆

行事曆					
	股東會	除息	除權	現增	減資
日期	2018/06/08	2018/06/26			
最後過戶日	2018/04/09	2018/06/27			
停止過戶期間	2018/04/10 2018/06/08	2018/06/28 2018/07/02			
融券最後回補日	2018/03/29	2018/06/20			
停止融資期間					
停止融券期間	2018/03/29 2018/04/02	2018/06/20 2018/06/25			
新股上市日					
息值/權值/現增股數		2.30			
現金股利發放日		2018/07/23			
現增價格					

（資料來源：：XQ 操盤高手）

人而制定，避免股價受到賣壓與放空的壓力，但事實上這個機制反而造成股價盤中波動更劇烈。

另外，若股市遇到緊急危機，例如2008年金融海嘯崩盤時，金管會與證交所也會聯手對抗空頭，這時首先推出的，通常就是「全面禁止盤下放空」。簡單來說，當股價下跌翻綠時不能融券賣出，要等到股價上漲翻紅時才能執行，不管這一檔股票昨天收盤價漲跌幅度為何。

這樣看似擊垮空頭的政策如同前段所述，除了造成股價盤中波動更大之外（股價上漲反而遇到更大賣壓），更容易引發投資人恐慌情緒，而想趁上漲時儘快把股票賣出，導致賣壓更大，股價更不易上漲。

舉例來說，2008年9月金融海嘯時，在金管會宣布全面禁止盤下放空前，台股加權指數還保持在6,000點以

上。但在政策出爐後，所有股票在隔天早盤先是微幅上漲，隨後立刻遇到強力賣壓，除了投資人急忙脫手股票，放空投資者更肆無忌憚地趁上漲時大幅放空股票與期貨，導致股價與指數一落千丈。儘管這個道理人人都懂、都有經驗，但每逢股市崩盤時，政府總是會祭出這樣的政策，讓股市殺得更凶更猛。所以，有經驗的放空者都知道，這是政府要給錢的送分題。

③ 全面禁止放空

比「全面禁止盤下放空」更強威力的，就屬「全面禁止放空」，表示**所有融券必須強制回補**，這也是金管會與證交所在空頭市場時，為了抵抗跌勢必定會採取的行動。很多投資人都認為一旦全面禁止放空，股價就不會再往下跌，趕緊進場買股，結果反而因此被套進更多資金。

為什麼？原因很簡單，當全面禁止放空時，代表股市的賣壓大到證交所得改變規則去抵抗跌勢，此時許多股票價格都已經過慘烈調整。正常來說，公司大股東都會進場搶股，但實際上在股價短線因政策利多反彈後，先前沒賣沒逃的投資人與大戶會趁此時趕緊砍股，加上缺少融券買回的力道，股價反而更沒有支撐力。無法放空股票的投資人，也會轉為放空期貨（下一次的股市修正則會讓放空資金轉移到反向ETF）。

以2008年10月加權指數來說，眼看全面禁止盤下放

空還無法抵擋跌勢，金管會便宣布全面禁止放空以及跌幅減半，結果股價跌得更快，往往一開盤就跌停鎖住，也讓加權指數多天出現跌停。因此有經驗的放空者都知道，這可是政府要給錢的第二個超級送分題。

④ 提高融券保證金

對短線股價波動劇烈且本益比過高的個股，證交所都會採取管控降溫的手段。最常出現這樣的新聞稿：「鈞寶股票（代號：6155）於最近30個營業日內，因價格波動過度劇烈，該證券於107年6月29日至107年7月12日（10個交易日，如遇休市、有價證券停止買賣、全日暫停交易則順延執行），刻正執行調降融資比率一成及提高融券保證金一成。」

簡單來說，原先放空股票的本金，在證交所規定的日期內得提高一成才能放空。這時便暗示該檔股票不是漲勢過大，就是崩跌不停，**但通常等管控日期一過，後續股價還是會按照原先方向前進，飆漲的續漲，崩跌的續跌。**

⑤ 軋空

這個名詞最常見於媒體，舉凡「法人作帳，軋空正旺」、「端午變盤，強勢軋空」、「業績爆衝，股價強軋」、「政府護盤，強軋空頭」、「外資認錯，回補軋空」，總之只要台股大漲，就會有類似的標題出現。至於什麼是軋空

呢？為什麼投資人總是對放空感到恐懼，認為放空就一定會被軋空？

軋空，代表軋空單與軋空手，也就是當股價或指數上漲時，會造成放空投資人的虧損，手上沒股票的人則得用更高價去追，或眼睜睜看著行情飆漲手上卻沒股票。加上國內媒體喜歡談漲不講跌，因此總是會用軋空這個詞來諷刺放空投資者。

事實上，放空會虧損，買股票也會虧損，放空虧損叫軋空，買股虧損稱套牢，都是投資的一體兩面。而且，當股價往上漲導致放空出現虧損，通常在一定程度時，就會接到營業員通知補繳保證金，這時就代表看錯行情，應該立即融券買回。交易實務上遵守這個原則，便能控制放空的風險，與買股的虧損相比，放空絕對不會出現類似一檔股票從1,300元抱到40.35元，得等該股大漲30倍才能回本解套的情形。所以，放空投資人無須過於擔心軋空，就算真的遇到，也能透過後續章節講述的技巧來降低風險。

放空一點都不可怕，風險絕對低於存股一路往下攤平、買到賠了50％以上還不賣的投資！

⑥ 融資融券（增減）餘額

這個數據區分為整體市場與個股兩種，每天都會於晚上9點前公佈。整體市場的融資融券餘額，代表今日台股增減多少融資買股的金額，以及融券放空的增減情況，提

供投資人判斷整體市場多空。另外，個股也會公佈與放空有關的融券餘額、券資比、資券相抵等三項資料。

融券餘額，代表今日該檔股票增加或減少融券放空的張數。券資比則為融券與融資比例，通常數值越高，越會吸引大戶法人買股營造軋空行情。資券相抵，顧名思義就是當日透過信用交易，對這檔股票買進與賣出的行為，又稱為當日沖銷總數。數值越高，代表股票的交易越熱絡，成交量也會隨之放大。不過近年來開放現股當沖之後，資券相抵的資料參考度降低不少。

5. 如何省下放空手續費？一次幫你算清楚！

① 借券費

因為放空需要向券商借股票賣出，所以需要支付一筆借券費，這就跟租車旅遊的道理一樣。借券費的計算公式＝成交價×股數×借券利率，通常國內的借券利率都在0.08％，而近年來券商業績競爭環境下，許多都會私底下降到0。若以每股100元、利率0.08％的條件來計算，則借券費一張＝100元×1,000股×0.08％＝80元。看起來似乎很多，但**只要選對股票放空，價差獲利1％就可以抵掉所有的成本還有剩。**

② 保證金

當投資人跟券商借券放空，為了防止有人股票拿了跑

掉不歸還，依照證交所規範，放空股票需要有相對股價9成的保證金，若一檔股票價格為100元，則放空保證金需要準備100元×1,000股×90％＝90,000元。這筆暫放在券商帳戶的保證金也能領利息，只是按照國內活存的利率計算，金額非常微薄，所以通常捨去不細算。

③ 手續費

無論買股或放空，依照證交所規範都要支付一筆手續費給券商，用以維持營運與營利。所以當融券放空時，須支付相對成交金額0.1425％的手續費，融券買回時也得付一筆，就算是做多買賣股票也是一樣。假如在無折扣的情況下，一張股價100元股票，融券放空與買回完成一趟交易，需要支付 100元×1000股×0.1425％×2＝285元。**不過近年來券商間為爭搶業績，手續費折扣給得相當大方，實際交易遠比此金額還低。**

④ 證交稅

證交稅固定為成交金額的0.3％，是上繳國庫的標準收費，若為買股，則在賣出時支付。若為放空，以100元股票為例，需支付100元×1,000股×0.3％＝300元。

⑤ 成本合計

綜合以上費用，融券放空與融券買回後，所需的成本

＝成交金額×（借券費0.08％＋手續費0.1425％×2＋證交稅0.3％），在未計入券商折扣的情況下，所需的成本就是成交金額的0.665％。也就是說，當放空獲利時，只要股價往下跌1％，就足夠支付所有的費用。若把券商折扣也算進來，通常成本不到0.5％。

實際交易上，常有投資人為了一點手續費而與券商爭執，卻無視股票選擇與買賣是否正確，甚至放任投資虧損，而在一點點折扣上沾沾自喜。要知道，股票投資的目的就是賺錢，而不是拚折扣多寡，選對與做對股票，永遠比折扣來得重要。

6. 不是每一支股票都可以放空！

根據金管會「有價證券得為融資融券標準」第二條：普通股股票上市滿6個月，每股淨值在票面以上，屬第一上市公司無面額或每股面額非屬新臺幣10元者，最近一個會計年度決算無累積虧損，由證券交易所公告得為融資融券交易股票，並按月彙報主管機關。

依照規定，只要年報或是季報公佈後，每股淨值在10元以上，就可以申請信用交易，供投資人進行融資買進或融券放空。這些股票佔總上市櫃數70％以上。

至於為何有些股票無法進行信用交易？原因在於財報與淨值。自2013年開始，針對每季財報虧損，導致淨值低於10元的個股，證交所會強制取消信用交易。相反地，

若財報獲利讓淨值回升或維持在10元以上，就能融資買進或是融券放空。

不過，有時會發現，如**4147**中裕、**4174**浩鼎等高價股的淨值在10元以上，卻無法使用信用交易的狀況。這是因為該公司並未向證交所申請，因此投資人只能現股買賣。通常這種股票的股權相對集中在大股東身上，沒有融資融券的干擾，當然股價要拉抬或下殺就相對方便。

另外，要特別留意，除了前文所述，依照公司公佈的日期，每年股東會前、除息前的融券強制回補期無法融券放空之外，當股價出現以下3種情況時，證交所可以限制信用交易：

1. 股價波動過度劇烈。

2. 股權過度集中。

3. 成交量過度異常。

這時就得等證交所的限制日期過後，才能進場融資買進或融券放空。

因此，就交易實務上而言，放空台灣50、中型100的成分股，不會遇到太多法規上的問題。加上成交量也不小，融券賣出與融券買回便相對容易。但投資人必須留意，這些股票的股價波動受到外資買賣盤影響較多，要做好風險控管，與買股是一樣的道理！

2-5

課後複習：一張工作檢查表，看看你懂了多少！

表2-2　準備工作檢查表

準備工作	完成進度打✓
1. 開戶手續已完成？	
2. 已開立信用帳戶？	
3. 已在券商官網簽署所有風險告知書？	
4. 已在券商官網下載電腦看盤軟體或手機APP？	
5. 已向營業員索取聯絡電話與LINE，用以下單或問題詢問？	
6. 是否熟悉放空下單時的交易選項？	
7. 是否瞭解放空專用名詞？	
8. 是否瞭解放空需要哪些成本支出？全數約佔交易金額比重多少？	
9. 已選定好練習放空的股票？	

LESSON 3

5 步驟篩選放空標的，幫你第一次放空就賺錢

3-1

步驟1：6方向＋12個特徵，教你找出穩賺的放空標的

　　台股上市櫃股票超過1,600檔，茫茫股海中，要如何選擇適合放空的股票？可從國內外兩位投資大師的經驗，找出這個問題的答案！

　　1916年，華爾街傳奇操盤手李佛摩發現，許多原先熱門的強勢股不再續漲，股價跌了6、7點後，行情便陷入盤整狀態，無法再重回原先的高點。這些企業沒有發生任何異狀，利多消息不斷、業績持續成長，代表股價疲弱的原因不是企業本身。這種不尋常的走勢，讓他決定各放空5,000股，並繼續觀察、買進其他仍強勢的股票做短線。

　　一個月後，他放空12支股票共60,000股，這些股票都是原先飆漲的熱門股，也是多頭市場的指標股。某天股市開始呈現疲弱，所有的股票都開始往下跌，這時他放空的每一支股票都獲得4點以上的利潤，於是李佛摩立刻加碼一倍，並持有超過7週。直到爆發著名的「洩密事件」（傳說威爾遜總統即將對德國人提出和平計畫，導致許多領先

股作頭反轉），股市慘跌，他立刻回補所有空頭部位，獲利超過300萬美元，這在20世紀初期可是一筆極龐大的金額。

他說：「我並不知道股價會嚴重崩跌，只是依據30年的交易經驗，發現股價往阻力最小的方向前進，並做出正確的決定。股市最正確的方向，就是獲利的那一方，對股票無須當個忠心耿耿的保皇黨。」

時間快轉至2000年，當時台股最高漲到10,393.59點，期貨天王張松允賣出漲到600元的**2388威盛**（買進價格200元），並在除息後，除了威盛之外，同步放空前一年大漲的**2323中環**、**2349錸德**。後續這些股票都出現崩跌走勢：

威盛：9月由除息後高點466元跌至波段低點165元，跌幅高達64.5％。

中環：6月由除息後高點89.5元跌至波段低點22.5元，跌幅74.8％。

錸德：6月由除息後高點135.0元跌至波段低點44.5元，跌幅67.0％。

他除了放空股票之外，也同步放空期貨，讓手上的資金一舉由3億增加到5億。他投入股市初期，也曾在1990年放空前一年大漲的**1216統一**與**1210大成**，讓本金成長3倍至300萬。

他說：「放空並不是看一檔漲高的股票不順眼就進場，而且這個動作非常危險。放空並不是放在最高點，而是要放在安全點。也就是當股價處於懸崖邊緣，在危殆時補它一腳，將股價踹下谷底。尤其是利多消息釋出後，若股價不漲反跌，表示趨勢已經轉變，也就會開始出現危機。如果連利多都不漲，利空出現時，股價一定會有大反應。」

綜合兩位大師的經驗，可得知放空的選股方向：

1.前一年漲高的熱門股。

2.利多不漲或無法填息後放空。

3.順應加權指數的多空趨勢。

4.放空不要想放在最高點。

5.試單獲利，加碼放空。

6.股市極為疲弱時，逐步回收本金。

其實這些股票原先都是投資人愛不釋手的好股。舉例來說，2011年4月**2498宏達電**自史上新高價1,300元開始滑落，但沿途仍利多不斷，甚至在當年發出史上第二高股息（現金股息37元，股票股利0.5元）。就在業績頻傳創史上新高之際，股價卻早已經跌破千元大關。2012年現金股息更加碼到史上新高的40元，但股價又剩多少？只有400元不到，自高檔崩跌近70％。隨後業績利空頻傳，2013年現金股息縮水到2元，召開股東會時，董事長還自

掏腰包送小股東手機。2014年股息歸零，到2015年時，股價最低只剩40.35元。

　　2010年起，宏達電股價從277.5元飆漲到1,300元的過程中，投資人敢追高的不多，畢竟當時智慧型手機並不普遍，業績也鮮少好消息，加上股價攀升導致本益比過高，媒體報導的也不多，當然關注的人就少。等到股價來到上千元後，宏達電幾乎每天出現在財經頭條，不少歌功頌德的資訊，題材業績均創史上新高，便關注度持續增加。投資人雖然都希望能買進這支「台灣之光」來長期投資，但礙於一張股票動輒百萬元高價，深怕成為最後一隻追高的白老鼠，所以大多都打算等股價拉回變便宜時再買進。

　　後來股價從1,300元跌到1,000元，一口氣下殺300元，便不便宜？當然。股價跌到650元後，等於打折一半，且股息還創新高，更是要買。因為股價越來越便宜，於是散戶往下承接的力道越來越強，甚至用融資一路往下攤平，卻沒發現股息已經開始縮水。**這種股價由雲端摔落、業績與股息也跟著衰退的股票，散戶往往樂於持續買進，卻是大師們極為喜愛的放空選擇。**

　　表3-1為2009～2018年最受投資人關注的指標股。這類型股票具有以下幾種特性（參考**圖3-1～圖3-3**）：

　　1.價格越來越便宜。

　　2.業績利多頻傳。

　　3.題材利多不斷。

表3-1	2009～2018年指標股
2009年	股市落底大漲起點，幾乎所有股票都飆漲
2010年	蘋果概念股2317鴻海、IC設計2454聯發科、面板2409友達、DRAM3260威剛、遊戲3083網龍、微投影機3504揚明光、太陽能3519綠能
2011年	LED2448晶電、智慧型手機2498宏達電、營建2545皇翔、金融2882國泰金、電子零組件3533嘉澤、太陽能3691碩禾、觸控面板3673 TPK-KY
2012年	智慧型手機2498宏達電、觸控面板3673 TPK-KY、TDR910322康師傅-DR、食品1227佳格、太陽能3691碩禾、汽車2201裕隆
2013年	半導體設備廠3131弘塑、虛擬實境8416實威、智慧型手機2498宏達電
2014年	生技3176基亞、特斯拉3665貿聯-KY、穿戴裝置2439美律、安控3454晶睿、營建2548華固
2015年	運動9921巨大、製鞋9910豐泰、營建2542興富發、水泥1101台泥、輪胎2105正新、鋼鐵2002中鋼
2016年	生技4174浩鼎、運動1476儒鴻、車用電子3552同致、電商8044網家、物聯網3234光環、百貨5904寶雅、太陽能3691碩禾
2017年	蘋果概念股：3008大立光、2317鴻海、6456 GIS-KY、3406玉晶光
2018年	飲食2732美食-KY、比特幣6150撼訊、機器人1590亞德客-KY、3D感測3105穩懋、特斯拉3665貿聯-KY、電競2377微星、造紙1909榮成、封測3374精材、半導體2330台積電、生技4147中裕

圖3-1 熱門股放空範例：3008大立光，2017～2018年
日K線圖

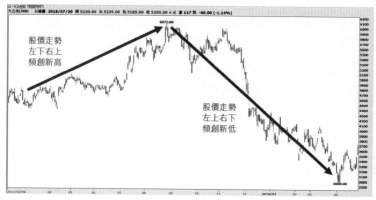

（資料來源：：XQ 操盤高手）

圖3-2 熱門股放空範例：3673 TPK-KY，2010～2011
年日K線圖

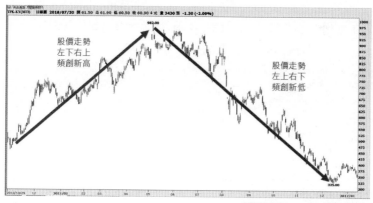

（資料來源：：XQ 操盤高手）

4. 媒體天天報導。

5. 散戶逢低撿便宜。

6. 法人持續砍股。

7. 融資持續增加。

8. 股息頻創新高。

9. 本益比越來越低。

10. 股價淨值比越來越低。

11. 分析報告持續推出。

12. 下跌常有強力反彈走勢出現。

放空這種股票的風險較低，但股價偏高使得成本也較高，加上每天都有業績與題材利多，媒體也在股價拉回時

圖3-3 熱門股放空範例：3691碩禾，2015～2017年日 K線與融資餘額圖

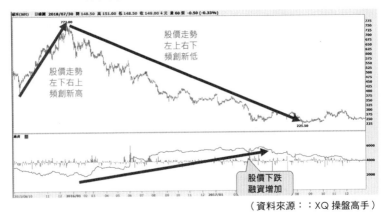

（資料來源：：XQ 操盤高手）

鼓吹投資人買進長期持有，因此敢放空的人不多，通常都等到股價崩跌且利空頻傳時才敢進場。但股價早已經過大幅修正，不僅利潤不多，也容易出現反彈走勢。

對於大多數投資人來說，買進低本益比（股價／每股盈餘EPS），賣出高本益比的股票，是所有投資教科書上認證的標準動作。在交易實務上，多頭市場時本益比隨著股價快速攀升，常有高達50～100倍的情況，但股價仍是一路飆漲，大戶法人也持續加碼，只有散戶不敢買。當股價開始修正，本益比越來越合理，大戶法人一路賣股，散戶反而熱衷買來長期投資，因為本益比夠低，結果買到大戶不要的股票，於是持續套牢。

這與投資學教的完全不一樣，對嗎？其實道理很簡單，**股價會上漲，反應的是未來成長性，而不是財報數據與本益比。**當該產業前景成長且產品需求量大時，內部人士與大戶法人勢必會進場掃股，但這時通常產品還在製造，消費者使用也還未普及，當然業績無法跟上股價走勢。等到商品普及、其他廠商也進來分一杯羹時，業績自然就會出來，甚至開始出現衰退。當股價炒高、大戶法人砍出後，隨著股價降低、業績公佈、股息加碼、本益比趨於合理時，散戶就會逢低搶便宜，若不趁這時放空，就可惜大好機會。

★另一種放空選擇：買進反向 ETF

近年來在巴菲特的鼓吹之下，全球ETF（指數型基金）發行數與成交量頻創新高，台灣金管會與證交所也在2014年大幅開放槓桿型、反向型ETF上市，提供投資人另一種選擇。自從這兩種商品問世後，國內ETF成交量迅速攀升，其中**00632R台灣50反1**甚至成為全球交易金額最大的反向ETF。

目前在台股上市的反向ETF約有25檔，可投資範圍除了台股，也包含美股、日股、中股、港股、原物料、外匯、債券等。以下以台股反向ETF為例，說明如何運用。

元大台灣 50 反向 ETF

0050台灣50是國內首檔指數型基金，2003年公開發行至今已超過15年，期間經歷了2008年的金融海嘯、2011年歐債風暴、2014年全球股匯債崩盤危機，仍然屹立不搖，並持續創下史上新高價。其成分股為國內股本最高的前50名企業（證交所每季調整，權重最高前三名依序為**2330台積電、6505台塑化、2317鴻海**），每年現金殖利率都能維持2%～3.5％之間。

因此，當景氣成長，國內大型股跟著飆漲時，買一檔台灣50，就能同時擁有電子、金融、傳產等投資人耳熟能詳的股票所組合的ETF。自2008年金融海嘯之後，全球股

市連漲10年，台灣50成分股股價屢創歷史新高，台灣50股價也從歷史低點28.53元上漲到最高88.4元，10年漲幅高達309.8％。這也是為何媒體與投資達人都喜歡推薦該檔股票給投資人，作為存股的核心持股。

這樣的漲勢是建立在多頭市場的榮景中，隨著成分股股價攀升，台灣50過去10年來享有無數關注眼光。但回顧2008年金融海嘯爆發前後，該股價格也曾從72.3元跌回到28.53元，修正幅度高達60.5％，股息多年來也一直維持每年2元以下的水準。因此，有鑑於過往投資人總愛趁股價下跌時逢低攤平，結果卻總被套牢，金管會與證交所便核准反向ETF上市，提供投資人在空頭市場中也能獲利的好選擇，這檔股票便是**00632R元大台灣50反1**。

元大台灣50反1的漲跌方式非常簡單，當台灣50下跌1％，這檔股票就會上漲1％，反之亦然。因此，未來股市進入景氣修正，導致台灣50重挫時，台灣50反1就能發揮避險與獲利的效用，讓投資人在空頭市場中賺錢。另外，近年還新增**00691R 兆豐藍籌30反1**（放空：台灣藍籌30指數），提供投資人更多選擇。

加權指數反向 ETF

　　00664R國泰台灣加權反1（放空：台灣加權指數）
　　00676R富邦台灣加權反1（放空：台灣加權指數）
　　00686R群益台灣加權反1（放空：台灣加權指數）

00705R台新MSCI台灣反1（放空：MSCI台灣指數）

以上四檔反向ETF，參考標的分別是加權指數與MSCI台灣指數，在2018年全球股市都創下歷史新高、台股也走出史上最長萬點行情時，後續只要步入空頭市場，根據過往景氣循環經驗，未來修正幅度都會非常驚人。

以加權指數過去30多年來出現的3次大修正，自最高點起算到正式落底，都有不小的跌幅。

1990年：日本股災，引發全球股市崩跌，加權指數自最高點12,682.41點修正到2,485.25點，跌幅高達80.4％。

2000年：美國網路泡沫，引爆全球崩盤，加權指數自最高點10,393.59點修正到3,411.68點，跌幅高達67.1％。

2008年：美國次貸風暴，導致全球崩盤，加權指數自最高點9,859.65點修正到3,955.43點，跌幅高達59.8％。

雖然大多數反向ETF都在2014年後發行，但只要空頭市場一來，就算沒有買在股市崩跌前的最高點，也沒有賣在最低點，但按照歷史走勢來看，至少都能有50～60％的操作與獲利空間，遠比逢低攤平卻一路虧損的窘境好太多。加上空頭市場總是走得又急又快，台股最長的空頭也不過20個月就見到最低點，因此反向ETF的年報酬率其實

非常驚人。若配合放空熱門股的獲利速度，兩者的投資組合可獲得的利潤，絕對不會比逢低攤平抱股來得慢。

　　更棒的是，反向ETF只要簽署「風險告知書」就可以買賣，比放空股票更簡單，成交量大也好進好出，是放空的另一種好選擇。透過**表3-2**更能瞭解兩者間的差異，並選擇適當的投資配置。

　　在交易實務上，買賣反向ETF其實與買賣股票一樣，都是先買後賣，只是漲跌方向不同。加上國內目前開放的商品都是以台灣50、加權指數、MSCI台灣指數為參考指數，長期來看，加權指數每天漲跌不超過1％，就算有遇到大漲或大跌，也要好幾季才會出現一次「單日漲跌超過3～5％的走勢」，所以反向ETF每日的波動極低，通常都在1％以內，就如同台灣50一樣。相對於股價修正時，瞬間就有可能出現5～10％的放空獲利空間，投資人實在不必過於害怕此種投資商品。

表3-2 放空股票與反向ETF比較表

	放空股票	ETF
交易方式	融券賣出→融券買回	現股買進→現股賣出 融資買進→融資賣出 零股買進→零股賣出 ☺
本金	需準備股票價格90%保證金，於D+2日上午10點前支付。	依照買進價格支付，現股為股價全額，融資則為40％，於D+2日上午10點前支付。
利潤	股價波動大，趨勢明確，利潤高	股價波動極小，利潤緩步提升，且需懂得觀察權值股與指數多空方向，受到國際股市影響較大。 ☺
融券回補日	每年股東會與除權息前，上市櫃公司均會公佈在行事曆。	無
證交稅	0.3%	0.1% ☺
股息	不發股息	不發股息
資格	開立信用帳戶需以下條件： 1.開戶滿三個月 2.最近一年委託買賣成交筆數達10筆 3.成交金額需達25萬	符合以下條件之一便能交易： 1.已開立信用帳戶 2.最近一年買賣權證成交達10筆 3.最近一年買賣期貨、選擇權達10筆，且簽署風險告知書，經過審核後就能下單。

3-2

步驟 2：空點如何找？利多頻頻還是跌的股票＋波段理論找出高點！

　　全世界股票走勢都有一個共通點：利多消息出爐前，股票先漲；利空消息眾人皆知前，股票先跌。原因很簡單，假如你是老闆，知道公司未來有利多，會先買股票，還是發佈消息通知所有人買？假如你是某公司的作業人員，以往做一休一，最近公司宣布改為做一休三，擺明沒有接到訂單，請問你會先賣股票，還是通知親友先賣？

　　股票要漲總是漲一大段後，才會出現利多消息；要跌總是跌一大段後，利空才浮出檯面。內部人永遠早知道，尤其上市櫃公司往往報喜不報憂，總是股價腰斬再腰斬後，人們才知道問題出在哪裡。這時在利空滿天飛的情況下去追空，又因大戶準備開始拉抬反彈行情，反而中計。

　　以**2498宏達電**為例，2011上半年創下1,300元史上最高價後開始下跌，沿路無論業績、營運、股息等，幾乎天天都有好消息，但到下半年股價已經跌至403元，修正幅度高達69.0％。每當記者問到股價為何出現如此大幅修

正，董事長與執行長永遠都表示前景十分看好、手機品牌仍在全球前十名，甚至還邀請好萊塢電影明星代言。

但試想如果真是如此，為何股價跌幅逼近七成？為何不在股價變便宜時，趕快多買一些？為何不在外資拼命砍股時，向法人宣戰護盤自家股票呢？**公司頻頻釋出利多股價卻一再破底，就代表散戶拚命逢低承接時，內部人卻都不敢買股票。**當內部人不買股票，法人也持續賣超時，就代表背後一定還有投資人不曉得的利空未爆，而公司內部成員早就把手上股票賣光跑掉了。

直到該年年底爆出美國蘋果控告侵權，並大額求償的利空消息，讓投資人感到恐慌而去放空，股價卻又從低檔403元反彈至隔年最高的641元，漲幅高達59％。**這種靠著利多利空消息來回清洗投資人口袋資金的方式，在台股屢見不鮮，**更不用說過去赫赫有名的題材股，包括太陽能、LED、DRAM、IC設計、面板、NB代工、電動車、蘋果概念股、光學、光纖等族群，或是2018年的被動元件與電晶體，都是同一套「養、套、殺」模式。因此，要輕鬆放空獲利，得先看懂股價走勢，才能在利多滿天飛、股價卻下跌時放空，或在利空襲擊時反手買進股票。

股票的走勢不外乎：漲、跌、盤，根據華爾街長年統計，上漲的機率約在25％，下跌也約為25％，其餘50％的時間都是在盤整。往上漲的時候，就K線圖來看，呈現左下右上走勢，讓股價越來越高。往下跌時則是左上右

圖3-4　3008大立光，2017～2018年日K線圖

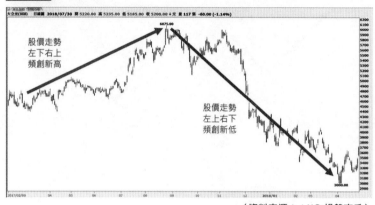

（資料來源：：XQ 操盤高手）

下，使得股價越來越低。就如同**圖3-4 3008**大立光的走勢，以最高點6,075元來劃分，左邊上漲時就是左下右上走法，直到股價漲到台股史上最高價；右邊下跌時則為左上右下，短短約半年時間就跌掉3,000元。若更詳細觀察，無論是左下右上多頭漲勢，還是左上右下空頭跌勢，K線看來就像海浪，一波接著一波往上漲或下跌。

　　股價下跌時一波比一波低，但反彈不過前高，下跌會破前低。如同**圖3-5**的標準走法，此時可以進場放空，目標是跌破前低。這種走法的股票非常適合用來放空，因為投資人喜歡買這種頻創新低的股票，覺得買到賺到，甚至用融資拼命掃進，而大股東與法人一路把手中的持股倒給投資人，對方要多少，他就給多少。如果一檔股票真的這麼好，怎麼可能股價會越走越低？還低到只有5～15倍的

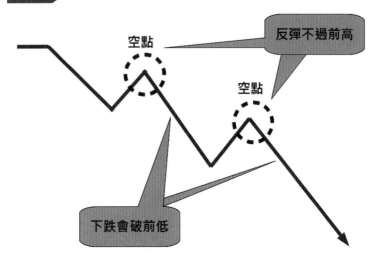

圖3-5　空頭波K線走勢圖

空點

反彈不過前高

空點

下跌會破前低

本益比，讓散戶撿便宜？

★範例 2409 友達

　　以國內面板大廠**2409友達（圖3-6）**為例，2018年Q2財報本益比約在6.79倍。常有人說本益比低於10倍，就是一檔便宜個股，適合買來長期投資，那麼友達根本是天上掉下來的禮物。加上該年發出1.5元的現金股利、股價最高為14.45元，換算現金殖利率最低為10.3％（**現金殖利率＝現金股利／股價＝1.5元／14.45元＝10.3％**），比銀行定存超出好幾倍，簡直是夢幻好股。

　　既然本益比超低、現金殖利率高，股價應該至少能漲到20～22元以上才對，怎麼會如同**圖3-6**越走越低，而且反彈不過前高，拉回又破前低呢？當時工商時報還有利多

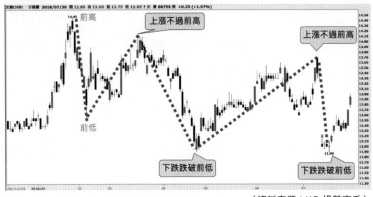

（資料來源：XQ 操盤高手）

消息：「中韓面板廠，備貨積極！」既然如此，為何大股東與大戶法人不拉抬股價呢？

之後隨著除息後股價持續下滑，市場開始尋找股價下跌的原因，投資人才知道受到中美貿易戰的影響，股價表現疲弱，但股價早已經持續下跌很長一段時間。

★範例 2330 台積電

再以全球半導體龍頭2330台積電（**圖3-7**）來說，2018年1月創下史上最高價266元，成為全球市值前十名企業。2018年上半年EPS合計6.25元，Q2最高本益比約為18.2倍。若以市場常認為本益比在20倍附近算合理，加上智慧型手機產業仍維持成長、美國蘋果股價也創史上新高，當然台積電還有更高價可期。何況該年發出史上最高的8元現金股利，現金殖利率超過3.3％，比銀行定存高出2倍以上，簡直是夢幻好股。

　　既然本益比合理、現金殖利率也贏過銀行定存，蘋果智慧型手機需求持續成長，台積電更是台灣人心中的完美企業，股價應該能持續往上挑戰新高才對，怎麼會如**圖3-7**所示越走越低呢？當時，前董事長張忠謀出面喊話：「對台積電有信心，技術仍是全球最強。」媒體也紛紛報導中美貿易戰，台積電反而吃下美國更多訂單！既然如此，為何大股東與大戶法人不拉抬股價呢？

　　之後隨著除息後股價持續下滑，投資人才知道受到中美貿易戰與蘋果新機銷售衰退的影響，股價表現疲弱，但股價早已經下跌很長一段時間，最低來到210元。

★範例 2317 鴻海

　　2317鴻海（圖3-8）是全台股民最熱愛的企業，董事

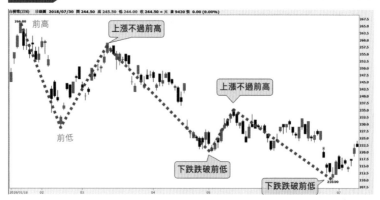

圖3-7 空頭波範例：2330台積電，2018上半年日K線圖

（資料來源：XQ 操盤高手）

長郭台銘率領百萬大軍全球征戰，還率先與美國總統川普召開記者會簽約設廠，可說是跨足數國的超級大企業。2017年6月，外資麥格里證券推出一份重量級報告，預估鴻海股價上看200元，是當時的驚世之作。對比股價在120元附近盤整，後續還有80元、漲幅40％的上漲空間，全台媒體一時間爭相報導，投資人奮力掃貨，後續1年融資大幅增加40萬張以上。隨後，鴻海頭一次舉辦臨時股東會，公布集團的FII工業富聯（601138.SH）將在中國A股掛牌，利多消息幾乎每天都登上財經頭版。

　鴻海股價在2017年8月漲到最高價122.5元，成為台股市值第二名企業。2017年全年EPS合計8.01元，以最高股價計算，本益比約在15.3倍，加上智慧型手機產業仍維持成長，美國蘋果股價也創史上新高，當然還有更高價可

圖3-8 空頭波範例：2317鴻海2017～2018年日K線圖

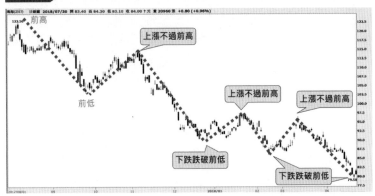

（資料來源：XQ 操盤高手）

期。該年度的現金股利為4.5元，現金殖利率也比銀行定存高出2倍以上。既然本益比便宜、現金殖利率也贏過銀行定存，蘋果智慧型手機需求持續成長，鴻海更是台灣人心中的台灣之光，股價怎麼會越走越低？

隨著除息後股價持續下滑，市場開始尋找股價下跌的原因，除了FII只拉出4根漲停板後就隨著中國股市下殺，鴻海開始進行企業轉型往AI發展，降低蘋果手機代工獲利帶來的影響，使得股價一路滑落到79.5元附近，跌幅高達35.1%。加上2018年股利只有去年的一半，一時間鴻海利空滿天飛，為了維護股價，甚至還減資20%。

綜合以上三個案例，**在利空消息還沒出來時，在本益比便宜、現金殖利率優異的環境下，如果股價不漲反跌，不用管媒體如何看好，投資人要做的便是放空。**即使除息前暫時因為融券強制回補而退出，後續中長期仍要觀察是否出現利多不漲與空頭波的走勢。放空股票絕對是愛國的行為，等股價擺脫空頭波的走勢後，便是回補的最佳時機，那些原先在高檔拼命看好，而在低檔才在喊空的投資人，就像驚弓之鳥，對股價並無實質幫助。

3-3

步驟 3：跌到何時才回補？波段拉回不破前低，是好點！

　　股價上漲時會一波比一波高，但拉回不破前低、上漲會過前高。如同**圖3-9**的標準走法，此時就能進場買進，目標是挑戰前高。當然這種走法的股票不適合放空。許多

圖3-9　多頭波K線走勢圖

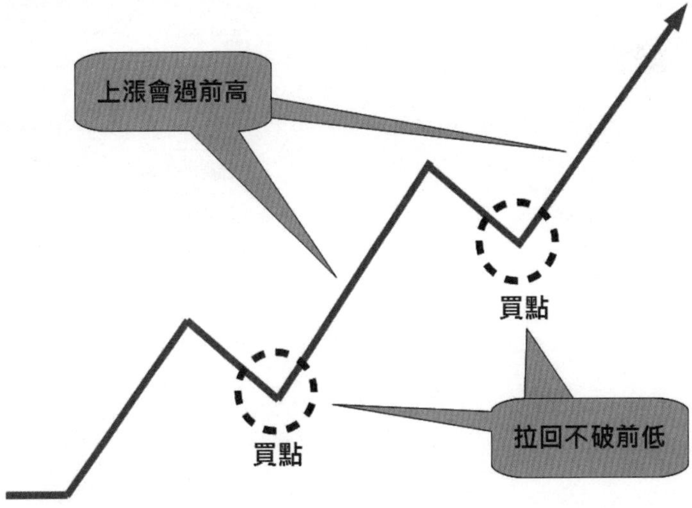

上漲會過前高

買點

拉回不破前低

買點

投資人喜歡放空這種頻創新高的股票，但大股東與法人最愛將其軋空。如果股票真的好，股價自然會越來越高，並享有超過50～100倍的本益比。

在股票跌深後，想要重新轉強，得先化解空頭波的壓力。最簡單的方法就是把走勢轉成多頭波，接下來才有機會重回多頭，讓股價越來越高。如**圖3-10**，原先一波比一波低的空頭波走勢開始出現轉機，走勢過了前高，只要拉回不破前低，就有機會重回多頭走勢。這時放空當然要回補退出，買回股票形成股價支撐而往上漲。

★範例 3008 大立光

2017年8月，**3008**大立光創下6,075元高價後開始修正，不到1年股價已經到3,000元，修正超過50。一時之

圖3-10 ▶ 空頭波轉多頭波的K線走勢圖

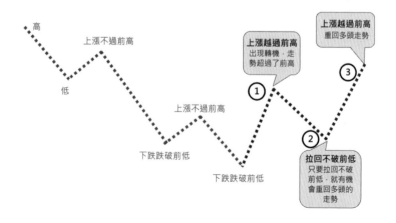

間，無論是「蘋果訂單減少」還是「技術被中國大廠舜宇光學超越」，每天財經頭版都是這檔股票的利空消息。

2017年大立光EPS為193.65元，一樣創下台股史上最高紀錄，若以最高股價計算，本益比約31.4倍，跌到3,000元時本益比也降至15.4倍上下。正常來說，這時可以考慮放空回補與進場買股，因為2018年第一季營收雖然創2年來新低，但在利空頻傳之際，卻可以發現股價已經在4月時出現空頭波反彈、不再破底，而且重回一波比一波高的多頭走勢，如**圖3-11**。

若真如媒體報導的如此不堪，股價怎麼沒有再度破底，反而重回多頭波呢？既然本益比合理、股價已修正50％，加上現金殖利率也贏過銀行定存，這時投資人該做的是：放空回補，甚至買進。

圖3-11　多頭波範例：3008大立光，2017～2018年日K線圖

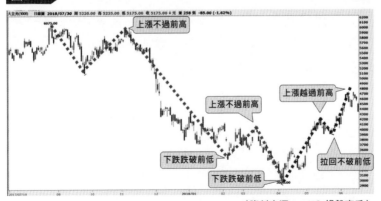

（資料來源：：XQ 操盤高手）

　　之後隨著股價回到5,000元大關，漲幅超過66.6％，市場開始尋找股價上漲原因，原來蘋果iphone8銷量超乎預期，帶動業績重回高峰，一時之間歌功頌德的不少，外資重新看好股價，預測值甚至上修至7,000元。當投資人看到這些利多才去追高，或許還有些甜頭，但從底部開始上漲已經很長一段，難免又買在高檔。

　　投資人常會怪罪媒體總是在跌時喊跌，漲時說漲，導致看的人賠錢。但在股價大漲一段時間後，全市場都會關注這檔股票。大立光站上6,000元時，要是有媒體喊空，絕對會被當瘋子，而且還有看錯的風險。不是空就是多，與其如此，為何不多報導一些大立光的好消息，讓喜歡看利多的投資人瞭解上漲原因呢？

　　反過來說，當股價大跌一段後，投資人雖然想趁股價便宜時買進作為長期投資，但經過價格劇烈調整後，不管有沒有套牢，難免會產生恐懼與懷疑。這時如果喊多，看錯一定會被罵死，為了避免得罪讀者與影響銷路，頻打落水狗當然就是提高購買率的唯一途徑。也就是說，這些都是銷售考量，而非站在讓投資人獲利的角度。

　　股神巴菲特常說：「**別人恐懼我貪婪，別人貪婪我恐懼。**」當大立光股價站上歷史新高，報章媒體利多頻傳之際，股價卻於2017年第四季轉成空頭走勢，一波比一波低，投資人這時就應該思考：如果這檔股票好，為何股價不繼續往上漲，卻是走空頭波？反之，當股價跌到3,000

元，媒體都認為大立光又是另一個殞落的股王時，投資人反而要想：如果這檔股票這麼爛，為什麼不繼續往下跌，反而走多頭波？即使股價高昂，還是能夠分批買零股投資，直到股價再度跌回空頭波走勢為止。

★範例 2317 鴻海

2017年6月2317鴻海（**圖3-12**）再度重回百元大關，在利多一波接一波放送下，漲到高點122.5元，隨後卻在股價上看200元的外資報告中殞落，最低殺回到2018年4月的79.5元，跌幅高達35.1％。

媒體名嘴每天狂追殺鴻海，恨不得這檔股票從台股消失。前一年股東會上宛如明星的郭董，再見到小股東時卻風光不再，甚至還得向投資大幅虧損的股民起立道歉，並

圖3-12　多頭波範例：2317鴻海，2017～2018年日K線圖

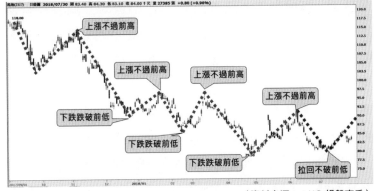

（資料來源：：XQ 操盤高手）

頻頻信心喊話，希望投資人千萬不要賣股。在6月股東會後，除了中國上市的FII股價表現不如預期之外，外資喊空報告強力放送並瘋狂砍出股票，甚至從2017年高點以後一路賣出超過160萬張。此時，投資人卻是一路往下攤平，融資還創下波段新高。

進入7月後，股價在利空中反而不再破底，甚至在5～6月時還曾上漲一波。2017年鴻海EPS8.01元，若以最高股價計算，本益比約在15.2倍，跌到79.5元時只剩9.9倍。正常來說，5月扭轉空頭波不再破底時，便是可以考慮放空回補與進場買股的時機，加上2018年第二季營收創下史上同期新高，後續也有投資日本夏普的業外獲利認列，在利空頻傳之際，卻可以發現股價已經不再破底，而且重回一波比一波高的多頭走勢。

既然本益比降低、股價已大幅修正、現金殖利率仍在2％以上，這時投資人該做的是：放空回補，甚至買進。之後隨著股價上漲，減資後甚至重回100元大關，就算股權減少，誰還會關心之前下跌的問題呢？加上股本縮減讓EPS回升，一時之間歌功頌德的不少，外資重新看好股價。當投資人看到這些利多才去追股價，或許還有些甜頭，但距離減資前的底部已經有段距離，通常又買在高檔。

從以上兩檔股票走勢可得知，**當股價由空頭波轉回到多頭波時，回補空單甚至買進絕對是合理的行為，因為在**

股價擺脫空頭波的走勢後，放空回補就是買進股票的力道。這個道理永遠都是一樣，情況也總是反覆發生，因為人性貪與怕永遠不變。在所有人都看壞之際，放空回補遠比看到股價大跌才喊空，更勇敢、更愛台股。

3-4

步驟4：選股不選市？NO！大盤向下時，是無「股」可以獨漲！

常常聽到投資人提出以下問題：

· 為什麼我的股票業績很好，股息很高，但是股價就是不會漲？

· 為什麼那些業績很差的股票，卻一路往上飆？

· 為什麼我覺得股價已經很便宜了，結果買了還是賠錢？

· 為什麼那些業績很爛的股票，漲那麼高，我去放空還是被軋？

· 為什麼我放空那些很爛的低價股，結果卻不跌？

· 為什麼股票拉回後去買，公司體質也還不錯，股價卻反而下跌？

常常看到體質很差、業績虧損且發不出股息的股票飆翻天，也總看到體質優異的股票老是在盤整動也不動。其實，這個問題跟台股加權指數有關，也就是大環境的資金

流動。**簡單來說，當指數往上漲時，代表著1,600多檔股票的資金全是偏多，無論大戶、法人、政府都在買進股票（散戶資金分散無法決定股市方向），當然加權指數呈現的就是多頭波走勢；而下跌時，這些資金龐大的大戶幾乎都在賣股居多，指數便會是空頭波走勢。**

媒體常把選股不選市掛在嘴邊，也就是股票買就對了，不用管大環境走多還是走空。這個道理看似正確，在多頭市場中確實常是如此，但在股市漲多修正或步入空頭市場時，反而容易賠錢，甚至股價往下一去不回。

加權指數代表大環境與龐大資金的流動，走多頭波時，代表大戶法人看好股市，因此投資人要做的事情很簡單，就是買股票。此時就算股票業績不佳，甚至沒發股息，只要沾上一點熱門話題，股價自然就能大漲特漲。尤其大股東這時還會跟著放送利多，舉凡電子科技業轉投資房地產、傳統產業跨足生技，或是金融業因資產重估而產生潛在利益，每個人都在追逐資金，除了自己拉抬股價之外，也期待大戶跟著上車。

試問，如果你是一家虧損公司的老闆，當台股市場走多頭時，有人願意協助你拉抬股價，只要從10元拉到20元，換算下來投資收益便超過經營的利潤好幾倍，你會不會答應？就算沒人拉抬股價，此時想必也會設法自拉自唱。在股價開始飆漲後，還會有很多投資人看股價不順眼而進場放空，讓你營造軋空行情，於是連外資投信都會跟

著大買股票,這可是比經營事業簡單許多。

所以,當加權指數走多頭波時,上至達官貴人下至販夫走卒,都想到股市分一杯羹,於是出現以下情況:

1. 業績好、股息高,導致股價高漲。
2. 即使業績虧損、不發股息,股價一樣飆,甚至漲更凶,因為放空的人多。
3. 利多一波接一波,政府持續公佈優異的經濟數據。
4. 每一檔股票都有各自的好消息。

只是一旦加權指數進入空頭波,原先炒作的利多已經無法拉抬股價,這時眾人鳥獸散,誰還管之前有什麼利多,反正股價炒高後已經賺了一筆,灌到財報裡面還有投資收益能美化EPS,既然目的已經達成,當然見好就收。

這時要出脫持股的方式就是往下殺,舉例來說,大股東或大戶將一檔股票炒到100元後預計脫手,但由於先前股價漲太高,散戶不敢接手,賣在100元便賣不到好價格。於是,大戶乾脆把股價再往上拉一段,到130元後再回頭砍出股票,一樣可以賣在100元,但這時遠比之前好賣許多,因為股價便宜30元,會讓投資人覺得買到賺到,若還有利多消息,更讓投資人趨之若鶩,不僅不會去放空,反而還融資加碼!

大戶也可以將高檔賣出股票的資金,趁短線拉回時再進場炒作一次,拉高股價讓散戶覺得賺到,接著反手逢高

開始放空，營造軋空的氣氛，左手買進，右手放空。直到開始有散戶想短線賺了就跑時，再把左手的股票一口氣全數倒出，並且加碼空單，套牢原本想跑短線的散戶，同時讓場外觀望的散戶覺得便宜而陸續進場。這樣反覆幾次，股價在沒有大戶撐盤下當然越走越低，最後慢慢將空單逐步出清，完成一趟完美的交易。

這還只是四套劇本之一的標準作法，另外也能搭配實施庫藏股、增加股息、增減資等利多，還有很多養套殺遊戲的玩法。**讓股價越走越低，承接的人卻越來越多的作法，屢試不爽！**

當加權指數走空頭波時，人人避之唯恐不及，這時自然會出現以下情況：

1. 業績好、股息高，但股價怎麼推就是不會漲，甚至還下跌。
2. 業績差、低股息的股票，股價開始暴跌。
3. 政府仍然持續公佈優異的經濟數據。
4. 報紙天天打開都還是利多，直到股價暴跌後才出現利空。
5. 投資人覺得股價比之前便宜太多，想買來長期投資與存股。

因此，要放空股票之前，得先確認加權指數到底是走多頭波還是空頭波？假如是多頭波，個股就算走空頭波，

還是很容易轉變成多頭波。若是指數也跟著個股走空頭波，此時放空便能高枕無憂！

★範例 2008 年金融海嘯

表3-3 多頭波或空頭波時可進行的投資方式

加權指數	股票買進	股票放空
多頭波	現股買進 融資買進 零股買進	X
空頭波	X	融券放空

2007年到2008年初，美國次級房屋信貸危機引發全球金融風暴，台股一度從9,859點重挫到7,384點，後勢又因台灣即將於2008年3月22日舉辦總統大選，而展開選舉行情。加權指數由先前的空頭波走勢，在3月轉為多頭波開始逆勢全球往上拉抬（**圖3-13**）。

選舉廣告一波接著一波，一句標語：「我們準備好了！」以及媒體大力放送的兩岸紅利利多，拉抬指數直奔5月的9,309.95點，自低點算起大漲1,925.34點，漲幅高達26％。這段期間，加權指數維持多頭波走勢，無論國際股市傳來任何利空，台股就是能走出自己的路。

這段期間，許多知名的上市櫃企業股價紛紛創下當年新高，炒作的題材除了兩岸和平紅利之外，對陸資開放與

加權指數,2007～2008年日K線圖

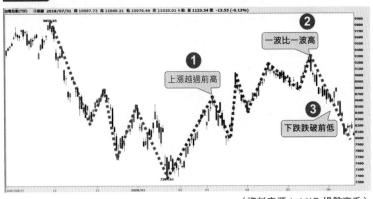

（資料來源：：XQ操盤高手）

入股可能,讓所有股票具有無限想像力（當時的高價股經過10年之後,在2018年能重回到當時價位的只有3檔:**1301台塑、2330台積電、3008大立光**）。

　　直到5月20日總統就職,指數立即開始修正並轉為空頭波,等7月除權息行情展開時才進入盤整走勢,隨後又再度下殺,直到11月見到3,955.43點後,才逐漸轉成多頭波開始盤底。這一波修正5,354.52點,跌幅高達57.5%,而先前頻創新高的優質股,最後都出現巨幅跌勢:

　　1101台泥:60.7元→14.15元,跌幅76.7%

　　1301台塑:105.0元→41.4元,跌幅60.6%

　　1402遠東新:57.9元→15.35元,跌幅73.5%

　　2002中鋼:54.4元→19.2元,跌幅64.7%

　　2548華固:141.5元→24.8元,跌幅82.4%

2618長榮航：20.85元→5.71元，跌幅72.6%

2903遠百：62.1元→12.1元，跌幅80.5%

2882國泰金：87.6元→28.1元，跌幅67.9%

2707晶華：738元→165元，跌幅77.6%

2317鴻海：202元→52.6元，跌幅74%

2498宏達電：888元→256元，跌幅71.1%

2330台積電：69.8元→36.4元，跌幅47.9%

2454聯發科：444.5元→177元，跌幅60.2%

3008大立光：466元→167元，跌幅64.1%

由此可知，一旦加權指數步入空頭波修正，雖然少許股票還是可以在短線上逆勢上漲，但從中長期來看，均是覆巢之下無完卵。這時如果還是認為選股不選市，不論大環境好壞，只要是好股票就可以逆勢上漲，很容易被股市修理。見**圖3-13**，應該採取的方式為：

①處：**放空回補或買進股票。**

②處：**持股續抱或是空手觀望。**

③處：**賣出持股或融券放空。**

如同華爾街傳奇操盤手李佛摩所說：「**大錢不存在每日交易中，只存在於大趨勢。一旦掌握大趨勢，我唯一要做的就是：坐在椅子上抱好持股。**」只要能掌握到2008年金融海嘯的放空獲利，個股跌勢至少都有30%以上，甚至

有不少中小型股跌勢逼近或超過90％，如：

8299群聯：297元→36.4元，跌幅87.7%

3260威剛：65.5元→7.65元，跌幅88.3%

2545皇翔：109元→8.83元，跌幅91.9%

6244茂迪：304.5元→49.4元，跌幅83.8%

3031佰鴻：75.0元→13.5元，跌幅82.0%

在這樣崩跌的行情中，假如採取定期定額的方式往下持續買進，是否能夠靠每年3～5％的股息，彌補高達80～90％的價差虧損？連國小學生都知道這不可能。這時只有放空才能保本，甚至累積資本！

★範例 2011 年歐債風暴

2011年經歷3月日本東北大地震與福島核災風暴後，加權指數自低點8,070.52點，逐步攀升到4月的9,099.75點後進入盤整。當時台股如日中天，外資紛紛推出報告，宣稱加權指數即將重返萬點，並以四千金為領漲指標股：

2498宏達電：1,300元

3008大立光：1,005元

3673 TPK-KY：982元

3691碩禾：880元

這4檔股票長期佔領財經頭版，投資人也投入大筆資金，除了卡位即將到來的萬點行情之外，總體經濟數據也

來到2008年金融海嘯後的高峰。加上兩岸關係逐漸升溫，2008年喊的兩岸紅利兩萬點行情應該有機會達成。

不過，加權指數卻在一天一篇利多消息中，開始步入空頭波（如**圖3-14①**），尤其8月一根跳空長黑K大跌464.14點，單日跌幅為歷史前十的5.58％。一時之間殺聲震天，就算政府緊急在幾天後護盤，仍擋不住內外資的賣壓，直到年底才見到最低點6,609.11點，並開始反彈。波段跌幅高達2,409.64點，跌幅27.4％，最後爆發南北韓開戰疑雲，才以跌止跌（如**圖3-14②**）。

回頭一看，原先四千金股價超過或接近千元，均出現極大修正，中小型股跌勢超過50％以上的更是比比皆是：

2498宏達電：1,300元→403元，跌幅69.0%

3008大立光：1,005元→466元，跌幅53.6%

圖3-14 ▶ 加權指數，2011年日K線圖

（資料來源：：XQ操盤高手）

3673TPK-KY：982元→325元，跌幅66.9%

3691碩禾：880元→185元，跌幅79%

2317鴻海：126.5元→61.5元，跌幅51.4%

3406玉晶光：411元→134.5元，跌幅67.3%

3519綠能：163.5元→21.0元，跌幅87.2%

2448晶電：116.5元→48.0元，跌幅58.8%

3622洋華：299.5元→50.9元，跌幅83%

3508位速：144元→56.6元，跌幅60.7%

直到2018年，上述股票中只有**3008大立光**回到先前價位後，更往上挑戰台股史上最高價的6,075元，其餘個股自此一路往下，尤其當時股王**2498宏達電**，最低還跌到40.35元，價格只剩原先高點的3.1%。

或許有的投資人說，那選大立光就好了，即使遇到股價修正，後續也能夠重返光榮。事實上，2011年時熱門的太陽能、觸控面板、光學、智慧手機等股票，無論股價、股息、業績、題材、籌碼，檔檔都是2008年金融海嘯後的最佳表現，股王宏達電的業績與股息更創下當年所有股票新高。事後說故事人人都會，但在當下股價劇烈修正後，有勇氣進場買股的人可真是少之又少，更不用說買的是高價股。

因此，此時應該採取的方式為：

①處：融券放空

②處：融券回補後買進股票或空手觀望

★範例 2015 年全球股匯債同殺

2015年加權指數經過長達兩個月的高檔盤整後，於4月底快速往上拉抬，直奔10,014.28點，睽違14年重返萬點行情。券商當日紛紛按照傳統敲香檳，報章媒體也大喊目標要上兩萬點。但只高興了兩天，指數便緩步往下，在6月初的一根大長黑K線，正式轉為空頭波後（如**圖3-15**①），8月底已經回到7,203.07點，跌幅高達28%。

眾人慶祝的萬點行情，瞬間如瀑布般直接跳水，原先帶領加權指數重回萬點的金融雙雄富邦金、國泰金，受到全球匯市與債市影響，而成為外資砍殺的對象，也把傳統產業族群全數拖下水。尤其是連續走了近15年的房地產價格，也在當時見到高峰後，開始出現建商讓利、房價緩步下滑走勢，交易量直到2018年仍持續低迷。

2881富邦金：69元→44.35元，跌幅35.7%

2882國泰金：56.5元→38.6元，跌幅31.7%

2542興富發：83元→34.15元，跌幅58.9%

2548華固：73.1元→48元，跌幅34.3%

1101台泥：45.4元→26.9元，跌幅40.7%

2002中鋼：26.2元→17.55元，跌幅33%

2603長榮：25.05元→12.9元，跌幅48.5%

3673TPK-KY：254元→66.4元，跌幅73.9%

圖3-15　加權指數，2015年日K線圖

（資料來源：：XQ操盤高手）

2498宏達電：161元→40.35元，跌幅74.9%

4162智擎：300元→129元，跌幅57%

2474可成：402元→274元，跌幅31.8%

6269台郡：142元→75.0元，跌幅47.2%

　　直到2018年，上述股票中，只有**1101台泥**曾回到先前價位，並維持股價強勢，其餘個股雖然曾逼近高價，但再次轉弱，尤其曾為台股四千金的**3673 TPK-KY**，經過多次炒作，最低還跌到45.05元，為最高點的4.6%。

　　實際上，加權指數在2015年8月見到低點後，又重回多頭波（如**圖3-15②**），展開另一次大多頭走勢，造就台股史上最長的萬點行情，並多次成為全球最強股市。由此可知，從中長期來看，一旦加權指數步入空頭波修正，曾

經炒作過的股票大多無法回到原先的高價。如果這時盲信選股不選市，只要選擇好股票就可以逆勢上漲，長期下來根本無法獲利。因此應該採取的方式為（見**圖3-15**）：

①處：融券放空

②處：融券回補後買進股票或空手觀望

3-5

步驟 5：放空回補後正是最佳買點？是！聰明的你記得搶進再賺一波

　　從前段三波著名的空頭修正中可發現，每次恐慌賣盤出現、利空滿天飛的環境中，往往也是醞釀另一次多頭行情的轉折點。投資人除了可以放空獲利之外，更可以在股市最恐慌的氣氛中，協助政府一同護盤。

　　2008年金融海嘯後，加權指數在兩年內自最低點3,955.43點上漲到9,220.69點，漲幅高達233.1％，還誕生許多漲勢超過5～10倍的高價股，如**圖3-16 3083網龍**。2011年歐債風暴，2012年經過多次打底與證所稅、勞保擠領等國內利空襲擊後，仍一路由6,609.11低點上漲至2015年的10,014.28點，重返萬點大關，其中漲幅超過5倍的股票也不少，如**圖3-17 8044網家**。

　　2015年台股修正到7,203.07點後，經過再次政黨輪替與美國總統川普當選的利空測試，隨即展開史上最長的萬點行情，2018年加權指數還走出史上第二高點，百元以上的高價股超過300檔，是台股成立53年來榮景最盛的一

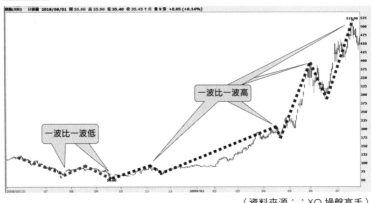

圖3-16 ▶ 3083網龍，2008～2009日K線圖

一波比一波高

一波比一波低

（資料來源：：XQ 操盤高手）

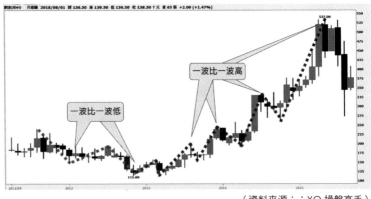

圖3-17 ▶ 8044網家，2011～2015月K線圖

一波比一波高

一波比一波低

（資料來源：：XQ 操盤高手）

年（**圖3-18**）。

　　大多數投資人無論股市漲跌，投資股票的唯一作法就是買股票抱著存股，而不管大環境景氣好壞。選到好的股

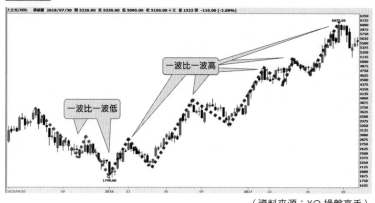

圖3-18　3008大立光，2015～2017年週K線圖

一波比一波高

一波比一波低

（資料來源：XQ操盤高手）

票如**2330**台積電、**3008**大立光等優質股，當然價差股息均能大賺，但很多人買到的股票並非如此，例如：長期持有**2498**宏達電，只能幻想解套那一天，或是持有**2317**鴻海，股價長期上上下下，如果不會做價差，一樣陷入被套牢的窘境。誰還記得2002～2008年時，台積電股價也是在73.1～34.9元之間盤整7年，小股民只能乾等每年領股息解套，如同2011年之後的鴻海？

　　股市流傳一句話：「**會買是徒弟，會賣才是師傅！**」**學會放空，就懂得何時該把手上的股票逢高出清，也知道何時可以低檔承接股票，而非每天買、時時買、見高不敢追、拉回狂攤平。**尤其每次股市崩跌後，產業與題材都會輪替，前一波炒作過的族群下一次不見得能跟上行情，這是台股不變的道理，也是全球股市的通則。**表3-4**是金融

海嘯後10年高價股風雲錄，每一檔股票在樂觀時的本益比被炒作高達百倍的屢見不鮮，但之後一旦面臨修正，對放空投資人來說，總有非常甜美的利潤。

以上僅列舉部分高價指標股，還有更多原先三位數的股票，都經過70～90％的修正成為低價股。從**表3-4**可看出，每年炒作的指標股均不同，只有少數股票能夠長期維持強勢，最著名的**2330台積電**也在2018年出現21.0％的修正，而這只是開端而已。

因此，只要學會放空，就能在高檔拿回存股資金，並在下跌時累積本金，當行情重啟時，便能進場買進下一波適合存股的標的。如此一來，省掉許多抱著虧損股票或是由賺變賠的煩惱夜晚，而成為一個真正順勢的投資者。這也是第一章幾位大師傳授的寶貴投資經驗。

| 表3-4 | 2008年後10年內高價股與股價落差 |

年份	高價指標股
2009年	3083網龍：519元→19.9元 3293鈊象：353元→46.05元
2010年	3504揚明光：321元→23.65元 3691碩禾：905元→123.5元 2454聯發科：590元→192元 3546宇峻：507元→18.15元
2011年	2498宏達電：1,300元→40.35元 3673TPK-KY：982元→45.05元 4994傳奇：420元→42.3元 2707晶華：594元→137元
2012年	2727王品：517元→76元
2013年	3131弘塑：340元→115元 8406金可-KY：648元→167元 2227裕日車：449元→191元
2014年	3176基亞：486元→24.4元 4152台微體：363元→71元 1256鮮活果汁-KY：429元→100元 8454富邦媒：344.5元→176.5元 5287數字：450元→165元
2015年	4174浩鼎：755元→126元 9921巨大：323.5元→120元 8044網家：537元→103.5元 2207和泰車：542元→252元 4137麗豐：383元→95.1元 1476儒鴻：549元→263元
2016年	6238勝麗：415元→141元 3552同致：595元→77.8元 3081聯亞：601元→200.5元
2017年	6569醫揚：329.5元→111.5元 2496卓越：346元→92元 6462神盾：334元→126元 6456GIS-KY：379元→139元 4943康控-KY：624元→220元 1565精華：1,025元→578元 6510精測：1,520元→539元 3008大立光：6,075→3,000元
2018年	6150撼訊：420元→71.1元

3-6
高手經驗 1：別只顧著看短線趨勢，大錢只存在於大勢中

「股票要死也會盤個頭」，這是券商老手常說的一句話，含意就是股價漲高之後，會像一艘航空母艦一樣，帶著所有媒體與投資人的期望與資金，在轉彎往下前，至少得有個迴轉半徑，無法像小漁船一樣說回就回。也就是說，**當股價漲多準備要修正時，鮮少股票會直接見高點後就崩盤，通常會在高檔盤整一段時間。**

其中的原因在於，若一檔1,000元的股票價格修正到900元，就會有許多資金認為股價變得便宜，還有機會再創新高而進場買進，直到上方的賣壓逐漸增加，在買盤多次抵抗放棄後，股價才會開始轉折往下大幅修正。在高檔區間盤頭時，常常一天漲一天跌，若太過於注意每天K線的走法與紅黑，反而會忽視趨勢的變化。

大錢只存在於大勢中，李佛摩總是喜歡遠遠的看著股價走勢與報價單，設定好轉強或轉弱的關鍵價位。一旦股價跌破關鍵價，就會進場放空試單，並在獲利逐步增加時

快速加碼。但是，大多數投資人總把眼光放在每天K線的短線變化，在乎上下引線哪邊比較長、紅黑K實體線是否出現吞噬或孕育走法，卻沒注意到股價趨勢是走多頭波還是空頭波！無怪乎李佛摩總是說：**「在股市裡看對的人很多，做對的卻很少，因為很少人能坐得住。」**

以**2317鴻海**於2017年8月走勢（**圖3-19**）為例，投資人常看的走勢如圖右，在乎的是每天或1～2週的走勢，關注短期間的賺賠。但看圖左（圖右為圖左當中的紅框部分）會發現，圖右看似多頭，但只反應出走勢的一小部分，就中長期來看，其實股價已明顯走入空頭波。這時即使放空不是空在最高點，但有趨勢的保護，一樣能獲利。尤其股價跌到最後，速度會越來越快，獲利也快速增加，對比原先高檔差個3～5元的進場點，實在不用太過在乎。

圖3-19 ▶ 2317鴻海2017年長短線走勢對照圖

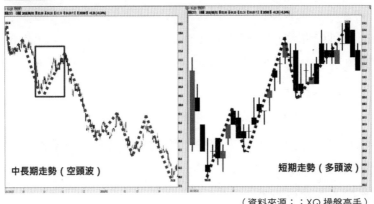

中長期走勢（空頭波）　　短期走勢（多頭波）

（資料來源：：XQ 操盤高手）

NBA湖人隊超級巨星柯比‧布萊恩曾被記者問到，為何每次進攻的動作都如跳舞般絢麗？

他笑著回答說：「我不知道你們看到的畫面是怎樣，但是我只是想著如何把球投進籃框，就算姿勢很醜也沒關係，只要球隊能贏球就好。」類似的話也曾經從傳奇球員麥可‧喬丹口中說出。也就是說，超級巨星要的不是比賽中自己的得分姿勢有多華麗，目標永遠只有一個：贏球！

股價走勢只有3種：盤、漲、跌，其中超過50％的時間都在盤整。如果每天都在關注當日漲跌、在乎今天K線多麼危險或漂亮，則人生會有很多能量與精神浪費在股價盤整走勢中。一旦只有25％機率的漲跌關鍵價出現時，反而容易因為先前長時間關注盤整走勢，造成神疲力乏，無法掌握住進場時機。

股票要死也會盤個頭，要漲也會盤個底。李佛摩總是不在乎短線股價的漲跌，留給那些每天都想在股市賺錢的投資人，他著重的是掌握每一波行情發動的關鍵時機點，而股神巴菲特、金融大鱷索羅斯等大師也是如此。箇中道理其實很簡單，你曾看過哪個富比士富豪，是靠當沖或做短線成為有錢人的嗎？

三年不開張，開張吃三年，大錢永遠存在於大勢，不用想放空在最高點，不要想回補在最低點，一旦能跟上，就算進出場姿勢醜了點，一樣能獲利。**只要有趨勢保護，抱股自然高枕無憂！**

3-7

高手經驗 2：股市崩跌時，留意政府 8 動向便能賺進一筆

　　自台灣證交所於1961年10月正式成立之後，每逢約8～10年，台股就會進行產業調整的景氣循環，這種模式進入1987年後更為明顯（參照**圖2-4**）。也就是說，每逢8～10年，無論加權指數還是個股，點數與價格都會經歷大幅調整。

● 1982～1990 年：台灣錢淹腳目

　　加權指數自1981年見到421.43低點後，歷經9年漲勢終於在1990年出現台股歷史最高點12,682.41點，其後由於當年度證交所提高證交稅至0.6％，加上股市違約交割、詐騙案頻傳，導致股價開始崩跌。短短9個月跌到2,485.25點（－10,197.16點），跌幅高達80.4％。

● 1990～2001 年：全球電子代工工廠

　　加權指數自2,485.25低點後，歷經10年於2000年重回

萬點10,393.59點，後來因首次政黨輪替與美國網路泡沫而崩跌。這一波修正時間超過1年，連跌20個月後，才到達最低點3,411.68點（－6,981.91點），跌幅高達67.1％。

● 2001 ～ 2007 年：全球半導體王國

加權指數自3,411.68低點後歷經8年，於2008年漲回9,859.65點，又因美國金融海嘯風暴而崩跌。這一波的修正時間也超過1年，期間台股因總統選舉，還曾一度逆勢全球獨強，連跌14個月後才跌到3,955.43的低點（－5,904.22點），跌幅高達59.8％。

每逢股市出現崩跌，尤其是國際股市也同時呈現劇烈調整時，行政院為了穩定國內政經局勢，往往會對股市交易依序採取以下流程（**圖3-20**）：

1. 行政院與財經官員信心喊話。
2. 金管會邀請外資與企業大老喝咖啡，建議別賣股。
3. 金管會與證交所建議上市櫃企業買進庫藏股（但總是沒人動作）。
4. 金管會與證交所宣布禁止盤下放空。
5. 行政院宣布國安基金進場。
6. 央行調降存准率或降息。
7. 金管會與證交所宣布全面禁止放空。
8. 金管會與證交所宣布跌幅減半。

圖3-20　2008年加權指數日K線圖與政府護盤流程

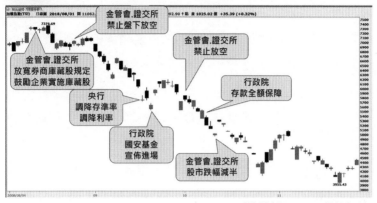

（資料來源：：XQ 操盤高手）

　　這幾乎已經是拯救股市的標準流程，由於政府官員永遠都認為股市下跌是投資人放空所造成，因此總是優先針對放空交易採取限制手段。假如股價變得非常便宜，照理說所有上市櫃公司的內部人士應該會進場逢低買進，但為何不買？因為連內部人士也不確定自家企業營運前景如何，因此無論政府如何喊話，都採取保守觀望的態勢，甚至還跟著一同放空。

　　放空的投資人越多，未來回補（股票買盤）的力道就越強，但當金管會與證交所限制放空，股價未來的買盤就會瞬間消失，而這些無法放空股票的賣壓，便會轉移到期貨或ETF上，導致指數的賣壓快速增加，反而更加快股市的跌勢，到最後不得不縮減指數與股票跌幅。

　　最後步上限制交易制度的階段，指數與股票通常僅上

漲1至2天後，便會快速下跌。而且，由於跌幅減半，每天最多跌10％變成只能跌5％（以往是7％改為3.5％），雖然散戶聽了非常開心，但往往會在股票開盤的瞬間跌停5％鎖死，讓想賣的人更賣不掉。恐慌氣氛將使得鎖跌停張數越來越多，加上又沒有放空回補的買盤，導致斷頭賣壓出現，每個人一大早都掛跌停賣股票，急著往逃生門跑卻擠不出去。

因此，每當股市崩跌破萬點，甚至一關關跌破9,000點、8,000點、7,000點、6,000點等心理關卡時，只要政府開始採取以上步驟，就是最快速的放空獲利時機。禁止盤下放空，等股價翻紅時賣壓更大；全面禁止放空，資金便會轉移至放空期貨與買進反向ETF；跌幅減半，指數與個股更會連續開盤就跌停。

同樣一套劇本，無論誰執政，每隔8～10年就會來一次，絕對是「政府送分題」，值得投資人掌握與珍惜。此時任何政策都無法抵擋跌勢，定期定額與逢低攤平的投資人，最後都會在絕望中放棄，而跟著砍出股票。當媒體利空消息不斷、投資人不想再談論股票，甚至財經節目來賓開始討論旅遊美食與命理時，將會是放空回補的最佳機會，此時進場協助政府護盤，才是愛台灣！

3-8

高手經驗 3：不要盲信利多，一直逢低買進一路攤平，因為……

　　股票投資的唯一目的就是賺錢，而股市獲利的管道來自於價差與股息。長期持有一檔走多頭波的股票，能賺到價差與股息；放空一檔走空頭波的股票，雖然不能領股息，但股價崩跌的速度往往一天就能超過5～10%，除了可彌補股息的利潤，也無須煩惱手中虧損的股票。

　　全球股市自金融海嘯後已經上漲超過10年，靠存股發大財的報導每天都登上財經版面，加上投資人習於持續買股而不願學習放空，總認為股價會下跌都是放空者所害，股票越買越便宜就是賺到，改天一定能重返高價，因此投資人的存股作法就是等股價走空頭波時一路往下買。但回到投資的最終目的來說，一路往下逢低攤平，最終總是虧損，這在投資邏輯上不就違反了當初的美好幻想？

　　這就好比一位乘客想坐高鐵去台北，卻坐到南下往左營的班次，且不願意換車而堅持坐下去，當然不可能到台北。任何投資都該以賺錢為目的，而不是因越買越便宜而

沾沾自喜，還自認為賺到。如果買進的真是一檔好股票，那為何一開始買進就賠錢，還越買越賠呢？儘管投資是為了賺錢，但讓人難以想像的是，願意在股價下跌時一路攤平，卻不想放空該檔股票的投資人，竟多如過江之鯽。

尤其台股並沒有如同可口可樂、迪士尼、美國運通這類全球市佔率極高且長年寡佔的企業，而是以代工為主。無論是電子還是傳統產業，這些企業的銷售市場最多僅能成為台灣龍頭，但在國際市場便瞬間被比下去，因此產業景氣循環非常明顯。加上台灣市場小、競爭者多，每當大家發現某個產業好賺，便會一窩蜂搶進並大量生產，容易導致殺價競爭。一旦股價炒作過高，後續總是面臨大幅的修正，就連金融業也不例外。這從**表3-5**歷年的股王股價的變化便可知曉（最高價為成為股王時的價格，低價則是後續跌落的最低價）。

由**表3-5**可得知過去30多年來，除了**3008**大立光一枝獨秀多次成為股王，並來到台股史上最高價的6,075元之外，其餘熱門股票雖然曾經是媒體追逐報導的焦點，也是當時投資人眼中的績優熱門股，最後股價修正均超過70～90％以上。有趣的是，當這些強勢股股價頻創新高，法人大戶持續買進時，投資人敢追高的並不多；但當股價開始自高檔跌落時，隨著股價越來越便宜、法人大戶持續減碼，融資買進持續逢低攤平的投資人卻越來越多，如同**圖3-21 2498**宏達電於2011年前後的資金變化。

表3-5　歷年股王股價變化一覽

年份	股名	成為股王當年最高股價	史上最低股價
1989年	2882國泰金	1,975	24
	9902台火	1,420	2
	2702華園	1,075	5.1
	1501台機	1,090	下市
1990年	2901欣欣	395	11.65
	2803華銀	941	2001年合併成華南金
1992年	2107厚生	370	4.8
	2512寶建	275	下市
1993年	2607榮運	210	6
	2810高企	556	下市
	2802一銀	915	2002年合併成第一金
1994年	2703華國	402	下市
1995年	2330台積電	196	34.9
	2303聯電	139.5	6.6
1997年	2357華碩	890	29.5
	2356英業達	428	7.7
1998年	2313華通	337	3.66
1999年	2376技嘉	439	9.9
	2382廣達	850	29.35
	3035智原	411	20.8
	2473思源	385	2012年被以57.0元併購

年份	股名	成為股王當年最高股價	史上最低股價
2000年	2388威盛	629	4.3
	2480敦陽科	550	8.86
	3026禾伸堂	999	16.05
	3021衛道（現為鴻名）	307	0.67
2001年	5203訊連	298	50.8
	3019亞光	380	20.95
2002年	2454聯發科	783	171
2003年	3008大立光	413	128
2006年	6244茂迪	985	9.38
	2498宏達電	1,220	37.05
	3452益通	1,205	3.35
2007年	8076伍豐	1,085	21.65
2008年	2707晶華	738	136.5
2009年	3083網龍	519	19.9
2010年	3008大立光	1,005	持續創新高價
2011年	2498宏達電	1,300	40.35
2012年	3008大立光	899	持續創新高價
2013年	3008大立光	1,250	持續創新高價
2015年	3658漢微科	2,585	2016年被以1,410元併購
2015～2018年	3008大立光	6,075	3,000

圖3-21　2498宏達電，2010～2013年資金變化圖

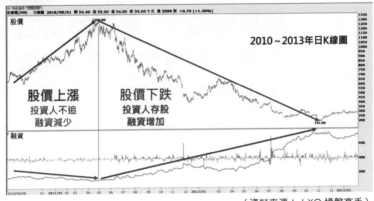

（資料來源：：XQ 操盤高手）

　　股票抱著，有賺價差也領到股息，這就是存股。但股票抱著領股息卻賠價差，這不叫存股，而是套牢。假如股神抱著一堆賠錢股票，就算每年都有領股息，他也不能被稱為股神。

　　投資的目的只有一個，就是賺錢！

　　股票走多頭波，買進抱股賺價差兼領股息，這叫存股。股票走空頭波，放空賺取股價快速修正的成果，也是存股！

3-9

高手經驗4：放空雖有風險但絕不可怕，只有無知才會賠錢

　　台股是全球資訊最透明、股市相關活動最多的國家，具有全球最高股息與現金殖利率的特性，漲跌勢往往也是全球最強，連內線交易的罰則也是全球最輕，是法人大戶熱愛的投資管道。在台股這樣的環境中，對放空的限制卻反而較多，尤其是每年以下兩個時段，放空投資者都得特別留意：

　　1. 股東會前，融券最後回補日。

　　2. 除權息前，融券最後回補日。

　　以台積電為範例，參考**圖3-22**，2018年行事曆中，股東會與除息的融券最後回補日為3月28日與6月19日，也就是在這兩個日期前融券必須回補，若投資人忘記回補，券商將自動執行。融券最後回補日後，還另有停止融券期間，分別為3月28日～3月31日與6月19日～6月22日兩個時段，這段期間不能執行放空交易。

圖3-22 2330台積電，2018年股東相關行事曆

行事曆					
	股東會	除息	除權	現增	減資
日期	2018/06/05	2018/06/25			
最後過戶日	2018/04/03	2018/06/26			
停止過戶期間	2018/04/07 2018/06/05	2018/06/27 2018/07/01			
融券最後回補日	2018/03/28	2018/06/19			
停止融資期間					
停止融券期間	2018/03/28 2018/03/31	2018/06/19 2018/06/22			
新股上市日					
息值/權值/現增股數		8.00			
現金股利發放日		2018/07/19			
現增價格					

（資料來源：：XQ 操盤高手）

　　另外，大多數上市櫃企業會把除息日與除權日合併成一天，但仍有少數中小型個股會將這兩個日期分開，造成常常得強制回補融券的情形，而遇到這種股票就得特別謹慎。為什麼呢？

　　融券回補是形成股票的買盤，因此通常在融券最後回補日前，大股東或法人都會拉抬融券餘額較高的股票。此時即使是融券額度較低的股票，股價也不太會跌，甚至會大漲。簡單來說，看**圖3-23** 2018年台積電走勢圖就可發現，連這檔鮮少人放空的股票，在融券回補日前都會相對強勢。更不用說，許多本益比超高的中小型股，每逢表定日期接近時，法人與大股東更愛拉抬股價營造軋空行情。

　　所以，在每年3～4月與6～9月，必須特別留意風險，這段期間即使看到股價上漲，也別輕易認為本益比過高而

去放空（**圖3-24**）。另外，每年5～6月股東會，也是企業大老要與小股民、國外投資人、大戶法人見面的重要時刻，因此股價多會在股東會前稍微拉抬幾天，就算業績或股價再差，都還是會盡量維持盤整走勢，避免在股東會時有人鬧場。更有甚者，每逢董監改選的年份，股權爭奪戰更會拉抬股價大漲，當然得避免放空這種股票。

　　放空並不可怕，無知才會賠錢。在實際交易上，只要能避開每年這些時段，遇到指數與個股進入空頭波時，若同時遭逢全球景氣衰退，放空都會相對安全。甚至在停止融券期間，股價還會持續下跌，表示大股東趁股東會前、媒體營造利多行情時偷賣股票，以免股東會傳來壞消息後，造成股價跌停而跑不掉。所以，投資人若發現連大股東都棄守時，別客氣，當然要全力放空！

圖3-23 2330台積電，2018年日K線走勢與融券水位圖

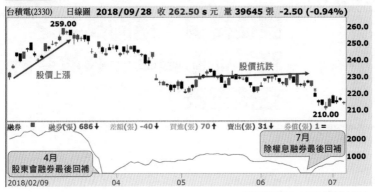

（資料來源：：XQ 操盤高手）

圖3-24 2327國巨，2018年日K線走勢與融券水位圖

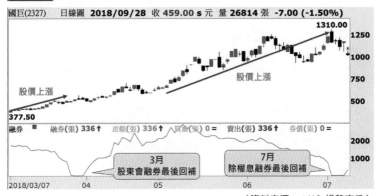

（資料來源：：XQ 操盤高手）

3-10

課後複習：邁向高手之路，你必須有一張放空計畫檢查表！

表3-6 ▶ 放空計畫檢查表

檢查項目	完成進度打✔
1. 我要放空的股票是否為衰退股？	
2. 我要買進的反向ETF對應的股票或指數是否已經轉弱？	
3. 是否知道空頭波的3段標準走法？	
4. 是否知道多頭波的3段標準走法？	
5. 加權指數目前是否正進入空頭波？	
6. 目前台積電、大立光、鴻海等多數大型股是否都進入空頭波？	
7. 美國股市目前是否進入空頭波？	
8. 我有耐心等待股價走入空頭波才放空嗎？	
9. 目前金管會與證交所是否針對放空採取限制？	
10. 現在是否接近股東會前融券強制回補日期？	
11. 現在是否接近除權息前融券強制回補日期？	

NOTE

LESSON 4

如何迴避放空風險？
用我獨門研發
「3隻小豬必勝術」

　　投資有四種結果：小賺、大賺、小賠、大賠，只要能避免大賠，就只剩下小賺、小賠與大賺，若能掌握行情，任何人都可以把握暴賺一波的利潤。**據統計，大賠與大賺的機率分別為25％，而小賺小賠的情況則為50％。**

　　看到這裡應該有許多讀者感到懷疑，股市不是80／20法則（80％的人賠錢，20％的人賺錢）嗎？怎麼大賠的機率只有25％？事實上，無論是股市或任何投資，都是1％的人大賺，9％的人小賺，90％的人虧損，而且這90％的人全數擠在大賠的25％區域裡，如**圖4-1**所示。其他10％的人，則分佈在小賺小賠的50％與大賺的25％。

　　如同期貨天王張松允說的：「大多數人賺錢的速度太慢，賠錢的速度太快。」他認為投資人賺錢的速度太慢，在於他們總是喜歡趁股價拉回時逢低攤平，結果虧損越來越大、賠錢的速度越來越快。**正確的方式應該是：在多頭市場時勇於追價買進強勢股，在空頭市場時勇於放空弱勢股，而不是漲也要存股，跌也要存股。**投資最主要的目的在於賺錢，而非持有股票到天荒地老。

　　但看到股票大漲時去追高，看到大跌時去追空，對於大多數人來說都是不小的壓力。甚至有投資人希望，買了股票後股價都別動，可以穩穩領股息就好。要克服這樣的心理壓力非常簡單，只要透過**3隻小豬必勝術**就可以解決。什麼是3隻小豬呢？迫不及待想上路前，得先建立以下幾個重要觀念，才能使用得更得心應手！

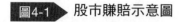
圖4-1　股市賺賠示意圖

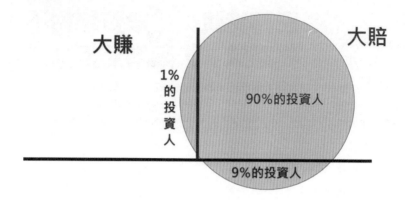

大賺　　　　　　　　　　　　　大賠

1%
的
投
資
人

90%的投資人

9%的投資人

小賺+小賠

4-1

巴菲特說：「投資絕對不要賠錢」，因為活得久才是贏家！

　　股神巴菲特曾經說過：「**投資，絕對不要賠錢！**」但任何操作一定有風險存在，怎麼可能不賠錢？仔細推敲這句話的含意，其實最重要的是：**不要賠掉本金**。

　　舉例來說：一檔100元的股票虧損10％後變成90元，需要漲多少才能回到100元呢？還是10％嗎？錯，是將近12％。賠掉20％，需要漲多少才賺得回來？將近30％，也就是3根漲停板。那賠掉50％呢？至少要10根漲停板才能回到100元！試問，股市中常有連續漲停3根、甚至是連續漲停10根的股票嗎？如果有，你有買到嗎？敢買嗎？抱得住嗎？

　　更何況，當手中的持股跌幅超過20～50％，想必不是一支強勢股。既然是弱勢股，會很快漲3～10根漲停板還給投資人的嗎？我們都知道**只要股價開始大跌，就算途中出現反彈，仍會相對疲弱，更不用說連續漲停讓投資人解套**。

壽江說：「進場前，我想的不是要賺多少，而是能活多久！」只有能在市場上存活的人才能賺錢，怎麼樣活得久？就是保有本金。**表4-1**代表當投資虧損時，要再度將本金賺回，需要多少投資報酬率才能回本。

各位看完這張表後想想，要是本金賠到只剩下10％，可是要賺10倍才能回本。除非再次遇見如2009～2018年，指數從3,955點一路大漲到11,270點，成為史上最長的上漲與萬點行情的10年大多頭，否則想要回本根本是不可能的任務。所以在操作股票時，絕對不能讓手中持股與總本金的虧損超過30％以上，一旦發生，要再度拿回本金將非常困難。

表4-1 投資虧損後賺回本金的投資報酬率比較

	投資虧損後剩餘本金	報酬率	需再賺多少才能回本
本金 100萬	90萬	-10%	+12%（1根漲停板）
	70萬	-30%	+43%（4根漲停板）
	50萬	-50%	+100%（10根漲停板）
	10萬	-90%	+1000%（100根漲停板）

4-2

停損設10%對嗎？錯！
高手沒有固定的停損點

　　股票投資最常聽到的第一堂課就是停損，也就是當買進或放空虧損時，代表投資方向錯誤，應在一定的虧損限度內出清持股，而市場最常使用的停損設定則是10%。也就是當你的本金100萬，虧損超過10萬便出清持股；一檔股票買進價為100元，卻跌到90元，或是放空一檔股票100元，卻上漲到110元時，投資人就得退出觀望。

　　這個道理看似可以控制風險，但事實上，太多投資人拼命砍停損，反而把自己給砍死。這些人常會問：「我按照規矩停損，為什麼長期下來還是賠錢，而且越賠越多？」原理很簡單，看錯一次砍10%，本金由100萬剩下90萬，再買錯一次剩81萬，錯十次後還能剩多少錢？最後不是因投資股票造成大賠，而是按照規矩反而賠錢！

　　另外，停損10%，對投資人來說頂多本金少掉幾十或幾百萬，但對手上擁有上億資金的大戶或基金經理人來說，停損10%代表虧損千萬甚至破億，這可不是小數目，

經理人勢必會因此被開除，更不用說大型基金、炒股集團與公司內部人擁有的資金，都比這些數字更大。**在實際交易上，若問一個長期存活於股市的投資人如何設定停損點，通常會得到這樣的答案：「不一定！」**為什麼呢？

　　以2015年市場炒作物聯網題材的光纖股**3234光環**為例，若在11月19日放空1張105元（**圖4-2①**），但12月1日股價又漲回到105元，甚至最高來到113元（**圖4-2②**），就代表看錯了，並暗示股價有可能挑戰新高，這時放空就得先退出。退出的價格在110元，表示放空虧損5元，報酬率-4.7％，還沒到達10％停損點就出清。速度快一點的，還能回補在105～106元。若投資總本金為100萬，則虧損5元也就是5,000元現金，也不過佔總本金的0.5％，根本不用等到虧損10％才退場，甚至也可以不用停損！

圖4-2　3234光環，2015年日K線圖

（資料來源：：XQ 操盤高手）

　　若在當年11月19日同時放空光纖族群的**4979華星光83
元**（**圖4-3**①），雖然12月1日也出現反彈（**圖4-3**②），但
只上漲到成本附近便快速下跌，後續隨著獲利提高，再逐
步增加持股。即使只放空2張，獲利也超過1張光環的虧
損，兩檔股票的持股總金額還有獲利，也就不用急著將光
環空單退出。可以等到股價修正一波後，再同時把持股全
數出清結算獲利。

　　或者在華星光放空獲利5,000元、光環虧損5,000元，
兩者相加為績效持平或是小賺小賠時，將所有股票回補
後，重新放空較為疲弱且先前獲利的華星光，這也是停損
的方式之一，不用等到賠10％才停損。

　　所以，什麼時候該停損呢？常見的方式舉例如下：

圖4-3	4979華星光，2015年日K線圖

（資料來源：：XQ 操盤高手）

1. 績效小賺時，發現獲利不如預期，退出。
2. 績效小賠時，發現獲利不如預期，退出。
3. 一檔股票賺錢，一檔股票賠錢，兩者全數退出後再重新進場投入原先賺錢的股票。
4. 賺錢的股票非常多張，賠錢的股票只有一張，等到行情結束時，全數出清。
5. 拿幾張賺錢的與賠錢的股票相抵，小賺小賠賣出後，再把資金重新加碼已經獲利的股票。
6. 在特定點位攤平虧損的股票，趁回本或小賺小賠時趕緊退出，再把資金加碼賺錢的股票。

　　當然，如果資金更多，便可以做更多種的應對，無須堅持特定的停損方式。這些常見的手法，都能將虧損縮減到最低而不用傻傻砍股。停損的方式看來很隨興，但都以保本為先。這也是長期存活於股市的高手，包括李佛摩、索羅斯、壽江、張松允等股市大鱷善用的觀念與技巧。

　　華爾街投資大鱷索羅斯，於2008年接受商業週刊採訪時，記者問他是否虧損20％後才會出場？他回答：「如果我賠到20％才賣股，實際上我至少會虧損30％，所以我總是提前賣股。我不設定停損點，因為每次投資的結果並不同，我只要感受到風險即將出現，就會立即出清所有股票。」

4-3

「財不入急門，富貴在從容」，因此放空最忌一次 show hand

本金10萬，要賺5萬，報酬率必須50％。

本金20萬，要賺5萬，報酬率降為25％。

本金50萬，要賺5萬，報酬率僅需10％。

　　同樣是賺5萬，但報酬率卻差距很大，原因在於本金的多寡。大多數有錢人在本金越存越多時，他們的投資標的就開始移往保守的商品。因為要求報酬率降低後，也能降低投資上的風險，但是獲得的實際報酬仍然不變。所以，有錢人的錢越投資越安全、越保守，卻越存越多，但大多數人越投資風險越高，錢卻總是越存越少。

　　股神巴菲特為何能靠投資成為全球首富，方法只有一個：**連續56年，每年平均讓本金成長20％！**（投資人要的往往是每月或每年賺好幾倍。）

　　若問100個投資人，每天操作股票都要賺20％，可不可能？大多數人可能都會搖頭。

　　若改為每星期賺20％，簡不簡單？開始會有人相信自己做得到。為什麼？一星期賺20％，一天才4％，做不到的是笨蛋！

　　那麼，一個月賺20％呢？幾乎所有人都相信自己能做到。每個月賺20％，每天只要賺1％，小學生都做得到。但實際上真的是這樣嗎？來算算看。

　　以一個月獲利20％，本金100萬來計算：

　　用單利計算，一年獲利240％，本金變成240萬。

　　用複利計算，一年獲利891％，本金變成891萬，第二年成長為7,921萬……。

　　現在反問自己，過去一年的投資是否有達到這樣的績效？要像股神巴菲特一樣長期、平均每年獲利20％的難度如果真的不高，為何全球只有一個股神？

　　其實要能長期每年平均賺20％還真的不容易。如果想一年賺20％，以10萬元操作就是2萬，很簡單，只要選到一檔強勢股買就可以了，甚至獲利更高。100萬年賺20％，大多數投資人也都有機會。但如果用1,000萬想年賺20％，還是一樣簡單嗎？10萬可以全部押在一檔股票上，但1,000萬單押一檔股票，就會發現好進不好出，有時還會被主力坑殺、想賣賣不掉，所以得分散買股。若覺得1,000萬還好，那1億呢？買股票就得要常常逆向思考股市的氛圍，設定好計畫與研究才好進出。在眾人恐慌時買

進，在市場貪婪時賣出，敢在加權指數大跌千點的時候買股、在股市盤頭的時候放空，是股神與華爾街大鱷們常使用的方法。然而，大多數人能承受這種資金與心理的壓力嗎？看別人做很簡單，自己動手就會感受到不容易。

　　透過**表4-2**簡單地計算報酬率，思考看看，市場上常有獲利數倍的傳言究竟是真是假？如果是真的，為何富比士富豪排行榜上沒有出現這些每天暴賺的高手？也可藉此反省自己的目標是否不切實際。

表4-2 年平均報酬率與10年後資產比較

本金	年平均報酬率	10年後的資產
100萬	10%	259萬
	20%	743萬
	30%	1,378萬

　　從這張表可知，每年只要將目標獲利設定在20％，也就是2根漲停板，本金在10年後便會成長到7.5倍。若每年平均30％，10年下來本金成長超過10倍。但根據券商統計，市場上經過5年還能持續奮鬥的投資人少之又少，更不用說還能獲得如此高的倍數報酬。另外，我們可以看出有錢人如何變得富有。當本金越大時，雖然報酬率降低，但長期累積下來獲利十分驚人。這也是為何富者越富，承

受的風險卻越來越低。

　　香港長江實業總裁李嘉誠說：「財不入急門，富貴在從容。」**無論投資還是經營事業，講求的是持續與累積，一夕暴富的人總在少數，如同樂透中獎機率，但經過長年累積致富的卻大有人在。**投資如同經營與評估事業，買進被低估、放空被高估的企業股票，並掌握每年2～4次穩定的進場時機，長年下來自然能累積財富，而不是在股市裡忙到沒時間賺錢！

4-4

進場的 3 隻小豬：不要越跌越買，先從少量試單開始

　　建立好重要觀念：**不要賠錢、高手停損絕對不是10％、財不入急門**。接下來進入本章節的重點：如何在最低風險中，透過3隻小豬賺取可觀的利潤，也是把前面三個重要觀念融入買賣的實踐方法。

　　什麼是3隻小豬呢？就是將資金分成三批，如第一章提到，**大師在進場時都會先少量試單，有獲利才逐步加碼，無論買股或放空時都一樣**。以本金1,000萬為例，當股價開始走空頭波時，若要放空一檔100元的股票，高手總是會先拿少量資金嘗試放空，通常都會壓在本金10％以下。就算看錯造成虧損10％，一張10萬元的股票也不過虧損1萬，只佔總資金的0.1％。

　　若放空後開始獲利，他們便會陸續加碼放空部位，華爾街傳奇操盤手李佛摩便是如此。他說：「一檔股票在20元到18.5元之間多次上下起伏時，我會坐著觀察幾天，等待它跌破或突破關鍵價位時才會出手。一旦靠近這個價

位，我會試著進場買進或放空幾張，測試我的觀察是否正確。一旦正確，在進場的那一天就會獲利。這時我會開始加碼，並且等待下一次的關鍵價測試。」

許多投資人認為股神巴菲特總是越跌越買，但事實上他從沒這樣做，以2017年買進美國蘋果股票為例，第一次買進的價位約在155～158美元（幾乎是當時最高價附近），並在隔年第一季於160～165美元再度加碼7,500萬股，持有超過400億美元，掌控蘋果5％股權躍升為第二大股東，甚至還宣稱想買下蘋果所有股票。如同股神的長年投資伙伴查理‧蒙格所說：「人們總是以為我們越跌越買，事實上我們總是等到股票不跌才進場。」

張松允也是同樣作法，他說：「我喜歡追逐股王，因為股王代表快速獲利的機會。買進前我會少量試單，獲利後逐步加碼。一旦看對，加碼後就沒有輸的可能，可確保大賺小賠。但如果跌破加碼點，表示我看錯了，會立刻減碼或出清持股，沒有必要留戀。」

綜合以上幾位大師所述，無論是買進還是放空，對本金最安全的投資方式，就是少量試單、獲利加碼、獲利再加碼的流程。這與大多數投資人的想法不同，人們總喜歡越跌越買，認為可以降低成本，未來獲利時能賺更多，但這完全是投資邏輯上的錯誤，道理如前章所述。

進場的3隻小豬標準流程如**圖4-4**，第一次少量試單，獲利後大幅加碼，再次確認獲利後持續加碼。三次進場的

圖4-4 3隻小豬進場圖

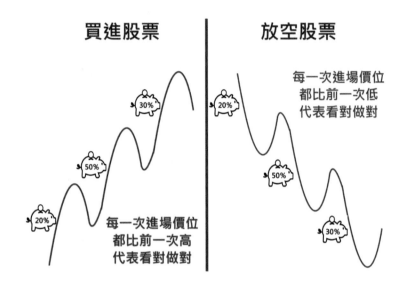

時機點,最重要原則就是:

買進:每次買的價位都比前次高,代表每次都做對!

放空:每次空的價位都比前次低,代表每次都做對!

　　人們總會對這種投資方式感到恐懼,因為敢追強的人並不多。甚至在試單虧損一兩次之後,又回到原先越跌越買的方式。**為何試單或第一次加碼時會出現虧損?原因就是進場時機不正確。**如果在多頭波的環境中放空,就算股價短線出現下跌,讓投資人賺錢而加碼空單,後續卻很容易轉強而造成虧損。但在空頭波的走勢下,就算有反彈,

後續也容易持續下跌，無論是放空試單或是加碼都很安全。這就是為何看大師做很簡單，自己進場卻老是出問題，就如同李佛摩所說的：「在正確時間做正確的事，利潤會隨之而來。」

4-5
出場的 3 隻小豬：看對方向、掛對價格很重要

　　既然進場要將資金分批進場，出場時當然也一樣。**什麼是出場的3隻小豬呢？就是將資金分成三批回補**，以持有100張空單為例，若股價由100元跌到70元後開始反彈，而決定將空單回補，金融大鱷通常會先回補30～50％，也就是買回30～50張。若接下來股價由70元往上漲到75元，代表前一次出場是對的，這時會再回補一半。若股票再度往上漲，便將剩下的資金全部回收。

　　另一狀況則是，當放空在70元回補後，股價又持續下跌，代表之前退出是錯的，這時就會續抱剩下的空單，或是把原先回補拿回的資金再度進場放空。

　　所以出場的3隻小豬標準流程如**圖4-5**，第一次退出50％持股，若獲利持續減少，則再退出25％，最後將資金全數退出。三次出場的時機點最重要的原則是：

　　賣股：每次賣的價位都比前次低，代表每次都做對！

　　回補：每次補的價位都比前次高，代表每次都做對！

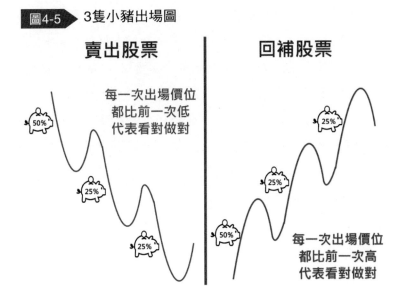

圖4-5　3隻小豬出場圖

為什麼要這樣做呢？

以買股來說，假如股價由50元漲到100元時想要賣出，表示自己認為股價不再有機會上漲，因此賣出後，股價應該會下跌而不是續漲。若不再出現100元的價格，就代表看對，這時就得把剩下的股票分批出清。若以放空而言，股價由150元跌到100元要回補，便代表自己認為股價不再有機會往下，因此回補後，股價應該會上漲而不是續跌。要是股價確實上漲，就代表看對，一樣要把剩下的股票分批出清。

投資人在賣股票時總喜歡把價格掛在天上，希望自己能賣到好一點的價格，這邏輯非常衝突。**如果這檔股票一**

直上漲，持股也一直賺錢，為何要賣呢？同理，要回補空單時，把價格掛在很低的位置，希望能補在好價位的投資邏輯也非常奇怪。**如果這檔股票一直下跌、放空一直賺錢，為何要回補呢？**

　　投資人做對做錯，答案不在腦袋裡怎麼想，更不在報章媒體上，也不是同事親友怎麼說。就如同學校考試，有沒有唸書，答案就在考卷成績上。只要查閱自己的持股績效表，就會知道當下是對還是錯。做對就要勇於加碼，做錯則得盡快離場。反覆執行3隻小豬模式，便能避免出現大賠情況，剩下的就只有兩種結果：小賺小賠或大賺。**一旦掌握到正確的進場時機，按照本書的步驟執行放空，獲利自然一飛沖天！**

4-6

課後複習：用3隻小豬檢查表，讓你的每一步都很安全

表4-3 ▶ 3隻小豬檢查表

檢查項目	完成進度打✓或填寫數據
1. 我是否已經知道虧損與回本幅度的比例？	
2. 我是否已經學會如何在損失最少的情況下停損？	
3. 我是否已經瞭解並著手執行每年讓本金平均成長20%的投資計畫？	
4. 放空試單時，第1隻小豬準備放進多少資金？	
5. 試單時有獲利嗎？股價是否越走越低？	
6. 加碼時，第2隻小豬準備放進多少資金？	
7. 加碼後整體資金有獲利嗎？股價是否越走越低？	
8. 第二次加碼時，第3隻小豬準備放進多少資金？	
9. 第二次加碼時，本次進場的所有資金有獲利嗎？股價是否越走越低？	
10. 放空回補時，第1隻小豬準備退出多少資金？	

檢查項目	完成進度打✓或填寫數據
11.第1隻小豬退出後，股價有越走越高嗎？	
12.第二次回補時，第2隻小豬準備退出多少資金？	
13.第2隻小豬退出後，股價有越走越高嗎？	
14.第三次回補時，第3隻小豬是否將所有資金退出？	

NOTE

LESSON

5

21 檔精選範例，step by step 教你看懂趨勢、抓對時機

5-1

最後總複習：透過總檢查表，讓你的勝率高達 90%

　　自第一次世界大戰以來，美軍就是全球頂尖的軍事專家。每一次作戰前，他們會以表格逐項檢查準備工作，並打勾簽署，而作戰後，檢討缺失與改進時，再針對表格內容進行修正與調整，打造出執行效率高、損失低、攻擊力強的特性，每位官兵都很清楚自己執掌的工作，後來更應用於各種運動比賽。

　　投資有如作戰（並非如世人常說的「玩股票」），股市便是戰場，手上的紙鈔則是投資人能掌握的資源與士兵，作戰計畫越完整，越能降低風險，避免出現大賠。只要能掌握正確時機，就有大賺的機會。

　　整合前三章的檢查表，就是一套完整的放空計畫（**表5-1**）。搭配以下介紹的21檔精選放空範例，讀者只需按圖索驥，便能很快上手與獲利！

表5-1 準備工作檢查表

項目	進度	完成進度打✓ 或填寫數據
準備工作	1. 開戶手續已完成？	
	2. 已開立信用帳戶？	
	3. 已在券商官網簽署所有風險告知書？	
	4. 已在券商官網下載電腦看盤軟體或手機APP？	
	5. 已向營業員索取聯絡電話與LINE，用以下單或詢問問題？	
	6. 是否熟悉放空下單時的交易選項？	
	7. 是否瞭解放空專用名詞？	
	8. 是否瞭解放空需要哪些成本支出？全數約佔交易金額比重多少？	
	9. 已選定好練習放空的股票？	
放空計畫	1. 我要放空的股票是否為衰退股？	
	2. 我要買進的反向ETF的對應股票或指數，是否已經轉弱？	
	3. 是否知道空頭波的3段標準走法？	
	4. 是否知道多頭波的3段標準走法？	
	5. 加權指數目前是否正進入空頭波？	
	6. 目前台積電、大立光、鴻海等多數大型股，是否都進入空頭波？	
	7. 美國股市目前是否進入空頭波？	
	8. 我有耐心等待股價走入空頭波才放空嗎？	

項目	進度	完成進度打✓ 或填寫數據
放空計畫	9. 目前金管會與證交所是否有針對放空採取限制？	
	10. 現在是否接近股東會前融券強制回補日期？	
	11. 現在是否接近除權息前融券強制回補日期？	
3隻小豬	1. 我是否已經知道虧損與回本幅度的比例？	
	2. 我是否已經學會如何在損失最少的情況下停損？	
	3. 我是否已經瞭解，並著手執行讓本金每年平均成長20%的投資計畫？	
	4. 放空試單時，第1隻小豬準備放進多少資金？	
	5. 試單時有獲利嗎？股價是否越走越低？	
	6. 加碼時，第2隻小豬準備放進多少資金？	
	7. 加碼時整體資金有獲利嗎？股價是否越走越低？	
	8. 第二次加碼時，第3隻小豬準備放進多少資金？	
	9. 第二次加碼時，本次進場的所有資金有獲利嗎？股價是否越走越低？	
	10. 放空回補時，第1隻小豬準備退出多少資金？	
	11. 第1隻小豬退出後，股價有越走越高嗎？	
	12. 第二次回補時，第2隻小豬準備退出多少資金？	
	13. 第2隻小豬退出後，股價有越走越高嗎？	
	14. 第三次回補時，第3隻小豬是否將所有資金退出？	

5-2

附上 21 檔放空精選，
累積自己的實戰經驗！

★放空精選範例 1：3008 大立光

圖5-1　3008大立光，2018年日K線與多空波走勢圖

（資料來源：：XQ 操盤高手）

你敢買（空）股王嗎？

2010年3月，我在經過第一輪自有資金操盤篩選後，
與其他人坐在券商VIP室等候新一輪測試。自營部股東給

每人100萬元的資金，只要虧損超過10萬元就淘汰。早上9點開盤沒多久，我接到一通電話：「你敢買股王嗎？不敢買的人收盤後直接離開！」

當時的股王是**2454聯發科**，股價在530元附近，股后則是**3008大立光**420元。如果買了聯發科，只要下跌20％，虧損就會超過10萬，必須走人，況且100萬元資金只能買1張，可說是1張定生死。只有5小時的思考時間，如果不買，收盤就沒了工作，讀者這時會怎麼做？

答案很簡單：買零股！

一張股價530元（約現金53萬）的股票不敢買，但買1股只要530元、100股只要5.3萬。將100萬資金分成15～20次進場，少量試單，虧損出場、獲利加碼，便不會有大幅虧損的風險（當然也可以買權證或股票期貨）。

從這個實驗可看出投資人的個性：

① 一次只買一張就是賭，績效容易大好或大壞。

② 在高度壓力下，能不能做出合理、風險低的判斷。

③ 有無保本的觀念。

④ 能不能善用有限的資源，做出有機會獲利的決定。

⑤ 是否只會分析，卻不敢下單？

同樣的道理用在2018年的股王大立光（蘋果手機鏡頭主要供應商），在以下利多環境中，敢做放空嗎？

① 美國蘋果股價突破200美元，成為全球唯一市值超

過1兆美元的好企業。

② 蘋果業績創史上新高，手上現金超過1千億美元。

③ 巴菲特擁有5%蘋果股票，為該企業第二大股東。

④ 大立光第二季季報創史上同期新高。

⑤ 7月營收創史上同期新高。

⑥ 老闆在法說會喊話：7月比6月好，8月比7月好。

⑦ 媒體與分析師預估全年EPS將有機會突破200元，
創台股史上最高紀錄。

⑧ 配發現金股息72.5元，當天只花10分鐘就填息。

⑨ 9月蘋果預計發表新機，將再度迎來旺季。

⑩ 若以分析師預估全年EPS 200元計算，對應股價在
5,000元附近，本益比約在25倍，雖然偏高，但對
照成長能力仍在可接受範圍。

⑪ 股價在4,500元附近，一張股票要價450萬，放空得
準備405萬以上的資金。

在這樣利多的環境中，你敢放空股王大立光嗎？又為
何要放空大立光呢？

從**圖5-1**①可看到，美國蘋果股價在前一晚突破200美
元大關，大立光隔天一早也同步創新高來到5,330元。後
續蘋果股價持續創新高，但大立光股價卻緩步下跌，甚至
盤中還出現跌停。如果真的如媒體說得這麼好，為什麼股
價不漲，反而在除息前（**圖5-1**②）快速跌破5,000元大

關，打破自低點以來一波比一波高的多頭走勢，形成一波比一波的空頭走勢。

假如連台股中最昂貴的股票也無法反應利多，這時投資人該要思考的是：

■ 資金足夠放空大立光多張，做以下計畫

1：除息後於①時，第1隻小豬進場，資金20％，放空試單。

2：②處股價反彈後再度下跌並破前低，獲利加碼，第2隻小豬進場，資金50％。

3：③處股價持續下跌，獲利加碼，第3隻小豬進場，資金30％。

4：若股價轉為拉回，不再破底並重新轉強，則第1隻小豬出場，資金50％，退出試單。

5：若股價緊接著越過前高，第2隻小豬出場，資金25％。

6：若股價越過前高後，拉回又不再破底，形成多頭波，則第3隻小豬出場，資金25％。

■ 資金不夠放空多張大立光，則做以下計畫

1. 改成買進認售權證，或是放空股票期貨。
2. 轉而放空蘋果與光學族群較為低價的個股。

3. 其餘動作如前。

　　股票上漲不會套人，下跌才會。股王除了具有指標性，通常在產業的知名度也高，是媒體最愛報導的族群。當所有投資人都熟悉該族群個股時，只要股價下跌，就會有資金進場存股。原因很簡單，因為投資人已經聽了好幾年的各項消息，都能琅琅上口。報章媒體一打開就是這些股票的利多，連分析功課都不用做，這種天上掉下來的禮物，不接實在對不起自己。加上媒體與外資的慫恿，使投資人深信股價目前跌到合理區，值得長期投資。因此，買單的人往往非常踴躍。

　　中小型股修正時買的人不見得多，可是在知名度高的蘋果族群炒作10年後，股價一修正，人人都想進場長期投資，這種股票才是真正套牢最多資金的個股！

　　李佛摩說：「股票操作不在於分析得多準、講得多準，而是怎麼做。下星期該怎麼做，遠比昨天為何漲跌更為重要！」

　　放空與買進一樣，都有許多投資管道可選擇，可以選擇不同商品，或是選擇適合自己價位的股票。投資是靈活的，尤其是放空。如果資金不夠放空大立光，沒有勇氣去挑戰股王，也還有其他好選擇，例如下一個例子。

註

　　自本書8月初稿完成，於①第一隻小豬進場放空價在
4,600元附近，至10月最後修訂時，股價最低已經修正至
3,420元，跌幅達25.6％，放空仍有持續增加獲利的機會。

★放空精選範例 2：3406 玉晶光

圖5-2　3406玉晶光，2018年日K線與多空波走勢圖

（資料來源：：XQ 操盤高手）

　　當2018年股王大立光在諸多利多中已經無力上漲時，除了放空大立光，也可以選擇該族群中率先轉弱的個股，如第二高價股**3406玉晶光**。

　　2018年玉晶光因重新接到蘋果手機訂單，將股價從213元炒作到580元，上半年EPS 雖然只有3.75，卻已創同期新高，並重返多年前榮耀。市場預估迎接下半年電子消費旺季，全年將有機會獲利超過一個股本，也就是全年EPS將會超過10。對應7月份約500元上下的股價，本益比約在50倍，遠比上一個例子股王大立光的25倍高出許多。

　　但就在大股東喊出樂觀時，股價卻在除息前①處跌破前低，並且除息後無法再挑戰新高價，走出一波比一波低的空頭波，如果這檔股票真的像內部人與媒體說得這麼

好，為何會轉弱呢？因此，在②處除息轉弱後進場放空試單，並按照以下順序，一步步建立持股與執行退場計畫。

1：②處股價轉弱，第1隻小豬進場，資金20％，放空試單。

2：③處股價持續下跌，獲利加碼，第2隻小豬進場，資金50％。

3：④處股價跌破前低，獲利加碼，第3隻小豬進場，資金30％。

4：若股價一波比一波低後，轉為拉回不再破底並重新轉強，則第1隻小豬出場，資金50％，退出試單。

5：若股價緊接著越過前高，第2隻小豬出場，資金25％。

6：若股價越過前高後，拉回又不再破底，形成多頭波，則第3隻小豬出場，資金25％。

台股自2009年起維持10年多頭行情，就是由蘋果題材的大立光、台積電、鴻海等題材股主導。在股價上漲時敢去追的投資人不多，除了在低檔就進場的資金之外，其餘多是法人大戶的買盤。但在股價下跌變便宜之後，反而會有很多投資人想買來長期投資，例如2011年宏達電衝高到1,300元時鮮少人追，但等股價越跌越深，融資卻持續創下新高，顯見大多數人都喜歡越買越便宜並長抱存股。

　　問題是，若以賺錢的目的來說，這種往下撿便宜的存股方式，在邏輯上實在說不通，然而熱衷此道的投資人卻不少，此時反而是放空的超級利多！

▶ 註

　　自本書8月初稿完成，於②第一隻小豬進場放空價在480元附近，至10月最後修訂時，股價最低已經修正至231.5元，跌幅達51.7％，放空仍有持續增加獲利的機會。

★放空精選範例3：2327 國巨

圖5-3 ▶ 2327國巨，2018年日K線與多空波走勢圖

（資料來源：：XQ 操盤高手）

「物極必反」是老祖宗傳給後人的寶貴經驗，在多頭市場裡只要有一點利多，無論股價怎麼炒怎麼拉，甚至本益比超過100倍，都會有人買單，媒體也會不斷幫忙找利多。在主力把一檔股票由低價拉到高價後，不用自己宣傳，媒體也會幫忙找上漲理由告訴投資人。看著解說者表情嚴肅地分析，說著連主力自己都不知道的利多，真的讓人會心一笑！

2018年7月，當股后、被動元件的龍頭**2327國巨**喊出「1天賺1億」，法說會中董座還公布多項利多：

①訂單到2019年還接不完。

②被動元件缺貨到不知該怎麼辦。

③董座自掏腰包於股價高檔買2,000張護盤（之後被

踢爆其實是低價認股權）。

④有300家廠商來搶貨，實在無力供給這麼多。

⑤啟動長約計畫，與客戶簽長期合約穩定供貨。

⑥公司持續實施庫藏股護盤，並向空頭宣戰。

　　法說會後，外資宣稱股價上看1,600元，報告還以Don't stop believing.（不要停止相信）為題，全力支持該企業，卻反手大砍股票。

　　7月11日從**圖5-3**①處，居住在香港的大股東盤後鉅額交易，賣出1.2萬張持股，套現120億後，股價便開始跌破前低，形成一波比一波低的空頭走勢。大股東在股價高檔進行鉅額交易，雖然是常有的事，但重點是這1.2萬張股票是誰接走了？這種境外交易的方式，通常都會轉移到避險或私募基金，因為基金經理人手上的錢大多不是自己的，且投資標的非常分散，所以股價再高都敢追，就看能不能續漲。賺錢便功成名就，即使賠錢，砍掉也無所謂。

　　後續隨著國巨股價貫破千元大關，在**圖5-3**②處，公司開始拿帳上現金實施庫藏股，不禁讓人想到2011年宏達電也是以同樣手法，在股價跌破千元時實施庫藏股護盤，結果檢舉黑函不斷，據傳是用公司現金接手大股東手上的股票。高價股的價格修正，通常不會因散戶賣壓而造成，加上法人砍股的張數並不多，大概可推測是誰賣的。

　　歷史上鮮少有公司會在股價高檔實施庫藏股，理由很

簡單，有哪個內部人自己買股票還要告訴世人？從來沒有
大股東這麼好心。更何況公司還三不五時不斷公告買進多
少張，這在台股歷史上也是一絕，稍微研讀過台股歷史的
投資人，都知道這招高明。加上護盤還可以護到股價一波
比一波低，真是此地無銀三百兩！

　　如果這檔股票如董座說得這麼好，怎麼可能越來越便
宜？怎麼可能法人大戶拼命賣，反而讓散戶撿便宜？所以
投資人應該做的只有一條路：放空，並按照以下計畫進
場：

> 1：①處股價跌破前低，第1隻小豬進場，資金
> 20％，放空試單。

> 2：③處公司護盤失敗，股價持續下跌，獲利加碼，
> 第2隻小豬進場，資金50％。

> 3：④處股價再破前低，獲利加碼，第3隻小豬進
> 場，資金30％。

> 4：若股價一波比一波低後，轉為拉回不再破底並重
> 新轉強，則第1隻小豬出場，資金50％，退出試
> 單。

> 5：若股價緊接著越過前高，第2隻小豬出場，資金
> 25％。

> 6：若股價越過前高後，拉回又不再破底，形成多頭
> 波，則第3隻小豬出場，資金25％。

　　依照範例1、2來看，覆巢之下無完卵，股王大立光利多中無力續漲，其他蘋果與光學族群也不會好到哪裡去。連媒體吹捧「1天賺1億」的被動元件龍頭國巨，股價都殺破千元大關，那麼該族群當中，先前股價跟著雞犬升天、但其實獲利並沒有那麼多的成員，或是預估本益比超過國巨15倍的個股，接下來股價會怎樣變化，用膝蓋想就知道。隨著股價下跌，融資也快速增加，顯見想趁股價便宜買來存股的資金正在湧入，這對放空來說可是大利多！

　　國巨多年來靠著減資題材拉高股價的手法，引發許多上市櫃企業效仿，光2018上半年公告減資的股票，就超過2017年全年度。但當減資始祖國巨的股價崩跌時，這個題材也將幻滅，當然也成為放空的好選擇，這是很簡單的資金炒作與大戶出貨原理。

註

　　自本書8月初稿完成，於①第一隻小豬進場放空價在930元附近，至10月最終修訂時，股價最低已經修正至378元，跌幅高達59.3％，放空仍有持續增加獲利的機會。

★放空精選範例4：2478 大毅

 **圖5-4** 2478大毅，2018年日K線與多空波走勢圖

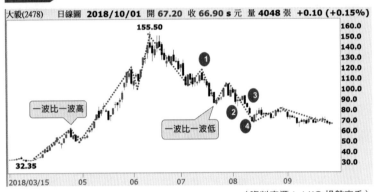

（資料來源：：XQ 操盤高手）

被動元件成員隨著龍頭**2327國巨**大漲，在2018上半年幾乎都有超過2～5倍的漲幅，更是國內所有基金的主要持股。**2478大毅**也大漲568.5％，來到155.5元高價，這段期間法人持股增加超過1.1萬張。

不僅每個月公佈的營收頻創新高，季報也創史上同期新高，雖然股息發放並不多，但本益比也來到近40倍，甚至因股價飆漲而多次被證交所納入處置股，可見漲勢驚人。

不過，隨著國巨炒作到1,310元後開始修正、跌破千元大關，大毅也逐步下跌，甚至更早一個月就走出空頭波（**圖5-4**①處）。如同範例3所述，當國巨的本益比只有15倍，股價卻大跌時，如大毅這樣高本益比的股票，一旦面

臨空頭市場，賣壓通常遠比龍頭股來得更凶猛。

　　雖然在除息前無法放空，但除息當天股價曾經殺至跌停附近，這種暗示不言可喻，便可以在**圖5-4**②處開始放空試單，以除息當日最高96元來算，短短幾日股價就殺回69.3元，跌幅高達27.8％。隨著被動元件股價泡沫幻滅，這樣的修正才剛剛開始！

1：②處除息當天股價疲弱，第1隻小豬進場，資金20％，放空試單。

2：③處股價再破前低，獲利加碼，第2隻小豬進場，資金50％。

3：④處股價持續下跌，獲利加碼，第3隻小豬進場，資金30％。

4：若股價一波比一波低後，轉為拉回不再破底並重新轉強，則第1隻小豬出場，資金50％，退出試單。

5：若股價緊接著越過前高，第2隻小豬出場，資金25％。

6：若股價越過前高後，拉回又不再破底，形成多頭波，則第3隻小豬出場，資金25％。

　　索羅斯說：「投資的關鍵在於想像、推理、邏輯，以及勇氣！」當一個族群的利多已全台皆知，通常代表股價已來到高檔，媒體更喜歡幫忙宣傳利多以提高銷量。此

時，原先低檔就已經進場的內部人士、法人及大戶，當然要把手上的股票換成現金。可是股價這麼貴，敢追的人不多，要怎麼做才能把股票丟光呢？

答案很簡單，就是往下殺！一旦股價變得便宜，投資人就會買單，更喜歡存股。當整個族群的龍頭開始轉弱，其他炒高的成員也會開始跟著做。**當股價開始像雪球一樣往下滾，任何力量都無法阻止，因為所有大戶都會想比別人更早賣股換現金。**只要有想像力與勇氣，就能知道除了放空龍頭股之外，其餘體質差的股票也都可以跟著放空。這種投資的快感，如同單一持股買進重押資金飆漲的感覺，回味無窮！

▶ 註

自本書8月初稿完成，於②第一隻小豬進場放空價在93元附近，至10月最終修訂時，股價最低已經修正至48.9元，跌幅達47.4％，放空仍有持續增加獲利的機會。

★放空精選範例 5：6510 精測

圖5-5 ▶ 6510精測，2018年日K線與多空波走勢圖

（資料來源：：XQ 操盤高手）

2018年7月初，國巨以1,310元高價成為台股股后，但卻在7月底迅速跌破900元，把股后的寶座讓給股價衝到905元（8月6日最高價）的**6510精測**，如**圖5-5**②處。

觀察上半年EPS，國巨為37.85，而台積電的子公司精測則是11.36，不到國巨的1/3，股價卻比國巨還要高。在資金多頭行情中，沒有人會在乎公司體質好壞，股價能拉多高就多高。可是，當資金開始退出，號稱1天賺1億的國巨股價持續下殺，精測當然也無法在高檔維持太久。

精測過去挾著台積電的光環，股價在2017年一度拉到1,520元，隨後儘管加權指數仍在上漲，卻開始走出一波比一波低的空頭走勢。這種子以母貴的企業在母公司續強時，還能跟著雞犬升天，但若台積電也無力上漲，則精測

的股價勢必受到壓力。另外，業績沒別家好，股價卻比較貴，通常會成為基金經理人砍股的對象。

放空這種股票，可能會在**圖5-5**①處放空試單後，因股價不跌反漲而必須停損出場。但在**圖5-5**③處利多滿天飛，股價卻在開盤大跌超過5％（收盤殺至跌停）的走勢下，便可進場試單放空，不必等到跌破前低。這種散戶不敢買的主力高價股不容易跌停，然而一旦跌停，通常都暗示背後資金有大幅調動。

買股還是放空的重點不在於媒體怎麼說，而是能不能賺錢。一旦放空獲利，就代表消息可能是假的，或是股價早已反應利多，甚至大戶已經先賣股。這時唯一要做的，就是增加放空持股數量！

1：③處股價在利多中快速轉弱，第1隻小豬進場，資金20％，放空試單。

2：④處股價破前低，獲利加碼，第2隻小豬進場，資金50％。

3：⑤處股價持續下跌，獲利加碼，第3隻小豬進場，資金30％。

4：若股價一波比一波低後，轉為拉回不再破底，並重新轉強，則第1隻小豬出場，資金50％，退出試單。

5：若股價緊接著越過前高，第2隻小豬出場，資金25％。

6：若股價越過前高後，拉回又不再破底，形成多頭
**　　波，則第3隻小豬出場，資金25%。**

多頭行情時，人人比的是高價；空頭市場時，人人要的是換現金。因此，股市走多頭時，絕對不要認為股價太高而去放空；走空頭時，也不要認為股價太低而想買進長期投資。

▌註▶

10月初，原為股后的精測爆發內線交易，股價持續暴跌。但事前股價早已經領先轉弱，自本書8月初稿完成，於③第一隻小豬進場放空價在800元附近，至10月最終修訂時，股價最低已經修正至388元，跌幅高達51.5％，放空仍有持續增加獲利的機會。

★放空精選範例 6：6488 環球晶

圖5-6 **6488環球晶，2018年日K線與多空波走勢圖**

（資料來源：：XQ 操盤高手）

　　想像一下，在人潮洶湧的街道上，突然看見前面的人開始驚恐地往回跑，這時你會做什麼？通常會跟著回頭跑，對嗎？這在股市也是同樣的道理。

　　股價上漲最喜歡比價，當股王漲到6,000元高價，其他股票也會有樣學樣地往上飆。當被動元件龍頭2327國巨漲到1,310元，其他族群的龍頭也會跟著衝，目標是衝過500元或1,000元，股價由二位數變成三位數、三位數變成四位數，這對經營者來說可是光宗耀祖的成就，也是老一輩投資人常說的：「往上比價」。可是，當原先領漲的股票都開始重挫，便代表資金遊戲結束，於是開始往下比價。一旦業績好的高價股開始崩跌，其餘沒賺那麼多的，想要把價格撐在高檔的難度更高，當然也會跟著往下修

正。

　　2018年除了被動元件的題材炒得火熱之外，另一個炒作的題材就是MOSFET電晶體。一時之間，環球晶、中美晶、嘉晶、合晶、杰力、大中等股價紛紛飆漲，短期間大漲一倍的個股比比皆是。配合媒體的宣傳，電晶體成為投資人不敢去追高價被動元件股的替代方案，台灣投資人個個變成電子業員工都比不上的電晶體專家。

　　這種一窩蜂的炒作方式，絕對是放空投資人的最佳機會（股價早在除息前轉成空頭波，如**圖5-6**①處）。但在機會來臨前，得耐心等待股價轉弱，尤其是族群的龍頭股**6488環球晶**，或是報章媒體頻繁報導分析的其他個股。媒體報導次數越多、分析得越詳細，代表知道的人越多、想買的資金越多。一旦這種股票下跌開始變便宜，投資人就會想趁機逢低買進，搶短線撈一筆或是長期存股。

　　可是，這檔股票如果真的很好、利多又多，股價怎麼可能會越走越低？想必不是散戶賣出的。所以這時投資人該做的就是放空，用賺賠來確認自己的看法是否正確：

　　1：②處股價跌破前低，第1隻小豬進場，資金20％，放空試單。

　　2：③處股價利多中下跌，獲利加碼，第2隻小豬進場，資金50％。

　　3：④處股價再度破前低，獲利加碼，第3隻小豬進場，資金30％。

4：若股價一波比一波低後，轉為拉回不再破底，並重新轉強，則第1隻小豬出場，資金50％，退出試單。

5：若股價緊接著越過前高，第2隻小豬出場，資金25％。

6：若股價越過前高後，拉回又不再破底，形成多頭波，則第3隻小豬出場，資金25％。

投資人大多不敢放空這類個股，事實上，2018年環球晶營收持續創高，媒體分析預估全年EPS可達40，若以500元的股價計算，本益比不過才12.5倍，是合理的投資水位。但如同前文所說，當股王開始修正股價，代表資金行情結束，法人大戶開始退出，並把手中持股丟給散戶換成現金。一旦形成這種氣氛，放空風險低且有暴利可期！

李佛摩說：「投資人看的是今天或這星期的漲跌，我看的是一年的走勢，結果當然不同！」

註

自本書8月初稿完成，於②第一隻小豬進場放空價在480元附近，至10月最終修訂時，股價最低已經修正至243元，跌幅達49.3％，放空仍有持續增加獲利的機會。

★放空精選範例 7：3016 嘉晶

圖5-7　3016嘉晶，2018年日K線與多空波走勢圖

（資料來源：：XQ 操盤高手）

　　3016嘉晶屬於電晶體族群，而且是報章媒體分析較多的個股之一。當某個族群開始炒作股價，媒體通常會集中火力報導股價最高的指標股。不過，畢竟會買高價股的投資人並不多，因此分析師為了招攬會員，會在重點熱門族群中，選取股價在百元上下、投資人願意下手的股票，每天透過技術、財報、籌碼分析來研究（另外也會選一些該族群低價股，告訴投資人落後補漲的題材）。

　　這種股票一張多在10萬元以內，買單的人不少，自然有利號召會員加入。因此，電晶體題材開始為人所知時，價格在百元附近的中價位股票成交量，往往比同族群高價股還要多，便可見投資人的喜愛方向。

　　2018年第二季，電晶體族群挾著被動元件缺料等漲價

題材,中價位的杰力、大中、嘉晶、尼克森、台半、富鼎、茂矽等個股,在短短一個月內,都有50～100％的漲幅。財經媒體料準投資人,不太會買股價在雲端上的被動元件股,所以每週大量放送研究電晶體的報告。相關報章雜誌隨手可得,不到一星期,全台投資人便人手一張相關族群的中價位股票。隨著股價飆漲,利多消息不斷、業績頻創新高,資金也持續湧入,直到泡沫破掉。

上半年業績一公佈,電晶體股王**6488環球晶**的EPS 14.36,股價500元,而嘉晶的EPS 0.67,股價70元。以最簡單的比例計算,環球晶的EPS是嘉晶的21.4倍,股價卻只有7.1倍。在承平的多頭時期,股價要怎麼炒都沒關係,一旦步入空頭,連業績好的龍頭股都開始往下殺時,這種投資人熱愛的中價位股跌勢往往非常快速,畢竟出來混,總有一天要還!

圖5-7①處,股價在除息前就變成一波比一波低的空頭走勢,除息後也很快跌破前低。這時,即使傳出嘉晶營收創史上新高,但投資人要做的就是放空,用賺賠來確認自己的看法是否正確:

1:②處除息後股價轉弱,第1隻小豬進場,資金20％,放空試單。

2:③處股價破前低,獲利加碼,第2隻小豬進場,資金50％。

3:④處股價持續下跌,獲利加碼,第3隻小豬進

場，資金30％。

4：若股價一波比一波低後，轉為拉回不再破底，並重新轉強，則第1隻小豬出場，資金50％，退出試單。

5：若股價緊接著越過前高，第2隻小豬出場，資金25％。

6：若股價越過前高後，拉回又不再破底，形成多頭波，則第3隻小豬出場，資金25％。

註

自本書8月初稿完成，於②第一隻小豬進場放空價在68元附近，至10月最終修訂時，股價最低已經修正至36.5元，跌幅達46.3％，放空仍有持續增加獲利的機會。

★放空精選範例 8：6150 撼訊

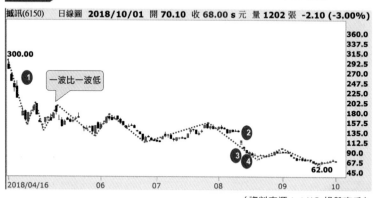

圖5-8　6150撼訊，2018年日K線與多空波走勢圖

（資料來源：：XQ 操盤高手）

　　比特幣在2017年12月達到將近20,000美元的高價後，快速往下崩跌，不到一年的時間已經殺回6,000美元上下，跌幅超過60％，連帶使得比特幣概念股族群的股價急速下滑。不過，隨著價格崩跌，越來越多投資人想趁便宜（**圖5-8**①處）進來分一杯羹，這種情況其實與前面幾個範例完全相同：價格飆漲不敢追，價格便宜則想存股！

　　國內因比特幣採礦的需求大增，撼訊、創意、世芯-KY、華擎等公司，一躍成為投資人熟悉的比特幣供應鏈。其中，**6150撼訊**在2018年第一季股價大漲近7倍，最高來到420元高價後開始崩跌，業績從一季賺一個股本，瞬間打回小賺還差點虧損。

　　隨著虛擬貨幣的採礦需求減少，撼訊總經理也出面說

明接下來的產業景氣可能不如以往。加上股價也在除息當天就出現跌停走勢（**圖5-8**②處），從過去許多案例來看，最後都會走上股價崩跌一途！這種股票通常跌勢快且容易跌停，因此試單獲利後，第二筆就可以把剩下的資金全數投入，不用再分批進場，這也是放空可以靈活運用之處。

　　壽江在其著作中曾引用李佛摩的經典名言：「股市，是有經驗的人換取金錢，有金錢的人換取經驗的地方。累積經驗，就成為令人讚嘆的投資哲學！」

　　金管會於2015年規定，前一天股價跌停的股票，隔天平盤下不能放空。因此投資人只能在**圖5-8**③處的8月15日開始放空，並用賺賠來確認自己的看法是否正確：

> 1：③處股價除息後轉弱，第1隻小豬進場，資金20％，放空試單。
>
> 2：④處股價持續下跌，獲利加碼，第2、3隻小豬進場，資金80％。
>
> 3：若股價一波比一波低後，轉為拉回不再破底，並重新轉強，則第1隻小豬出場，資金50％，退出試單。
>
> 4：若股價緊接著越過前高，第2隻小豬出場，資金25％。
>
> 5：若股價越過前高後，拉回又不再破底，形成多頭波，則第3隻小豬出場，資金25％。

註▶

　　自本書8月初稿完成，於③第一隻小豬進場放空價在
93元附近，至10月最終修訂時，股價最低已經修正至
48.25元，跌幅達48.1％，放空仍有持續增加獲利的機會。

★放空精選範例 9：6456 GIS-KY

圖5-9 6456 GIS-KY，2018年日K線與多空波走勢圖

（資料來源：：XQ 操盤高手）

　　曾經放空鴻海集團股的投資人都知道，放空這些股票的難度頗高，尤其**2317**鴻海更是如此。原因在於，該集團常見人為控盤，喜歡營造軋空行情（知名分析師楊應超說：郭董非常熟悉資本市場運作），加上又是法人喜愛炒作的熱門股，一旦股價轉弱容易瞬間暴跌，但暴跌後也容易快速轉強，除非大環境步入空頭，放空才會有較高利潤。

　　鴻海集團新上市的個股通常在還未上市前，就已開始吸引法人大戶與投資人抽籤認購，常見資金卡住超過百億的情況。上市櫃後，通常也是法人大戶喜愛炒作的熱門股。除了人氣高、成交量大之外，以鴻海集團的知名度與題材，也是媒體熱愛報導的股票，更是集團資本運用的最

佳工具。

近年來，除了FII在上證A股掛牌後不到一個月已經跌破發行價之外，就屬2017年的**6456 GIS-KY**最受市場關注。這支股票不僅是蘋果概念股，在郭董的運籌下，也是台灣第一家順應美國總統川普打出「製造業重返美國」的政策，而到美國設廠的集團代表，甚至大張旗鼓地在白宮正式簽約，成為紅遍美、台的企業。股價當然也在消息面出爐前便開始起漲，年度最大漲幅高達428.4％，最高來到379元。

但9月蘋果發表昂貴的新機款後，股價在外資高喊股價上看200元的一片利多聲中轉為空頭波，與母公司鴻海一樣，開始進入漫長的修正。融資卻反向快速增加，最高點時約2萬張，暴增到近3.2萬張，增加幅度近60％。也就是說，原先不敢追高買的資金，趁著股價變得便宜時開始瘋狂湧入。

這段期間最常聽到投資人說：「奇怪，這檔股票業績這麼好、到美國設廠，還是蘋果概念股，怎麼會跌成這樣？」

進入2018年後，雖然股價在除息前曾經上漲一波，反應高殖率利多，但在除息後又轉弱，並且在8月底時反彈不過前高，股價再次轉弱時，在**圖5-9**①處開始進場放空試單，後續便按照以下標準流程進行：

1：①處，股價上漲未過前高並轉弱，第1隻小豬進

　　場，資金20％，放空試單。

2：②處，股價跌破前低，獲利加碼，第2隻小豬進場，資金50％。

3：③處，股價持續下跌，獲利加碼，第3隻小豬進場，資金30％。

4：若股價一波比一波低後，轉為拉回不再破底，並重新轉強，則第1隻小豬出場，資金50％，退出試單。

5：若股價緊接著越過前高，第2隻小豬出場，資金25％。

6：若股價越過前高後，拉回又不再破底，形成多頭波，則第3隻小豬出場，資金25％。

　　長期投資鴻海集團的老手都知道，鴻海集團股每年都會有一波炒作上漲題材的機會，只要能把握逢低買進的時機點，扣頭扣尾至少都有15～30％的獲利空間。不過，當股價來到高檔，利多消息開始每天見報，投資人躍躍欲試時，就該退出並尋找放空進場點。因此可想而知，2018年10月底鴻海減資後，股價重返百元之上，屆時勢必利多不斷，又是讓投資人追買的時候。

　　就以指標股鴻海來說，多年來股價都在60～150元附近盤整，股價低檔時利空不斷，股價高檔利多滿天飛。由於投資人敢買、想買的時間點往往並非利空低檔期，因此

買鴻海存股，對許多人來說其實是惡夢。但對懂得低買高賣的大股東與大戶而言，鴻海集團股確實是一群好進好出，又好掌握行情的股票，也理所當然成為股民永遠的最愛。深深感謝郭董每年送的紅包。

註▶

　　自本書8月初稿完成，於①第一隻小豬進場放空價在195元附近，至10月最終修訂時，股價最低已經修正至105元，跌幅來到46.1％，放空仍有持續增加獲利的機會。

★放空精選範例 10：6462 神盾

圖5-10　6462神盾，2018年日K線與多空波走勢圖

（資料來源：：XQ 操盤高手）

　　第一次研究**6462神盾**這檔股票，是在2017年飆漲到334元的時候，當時公司獲利來源與題材是三星手機的指紋辨識晶片。挾著三星題材股，神盾股價持續飆高，本益比一度高達50倍，是一檔於分析師頻道中常見的股票，當然融資使用率也居高不下。但這種熱門股的股價炒作，通常來得快、去得也快。

　　指紋辨識晶片的門檻並不高，近年來中國廠商的技術也急起直追，加上三星手機在全球市佔率逐步下滑，2018進入下半年，股價在除息後便逐步進入盤整，但分析師仍然持續推薦，融資也持續攀升到1萬張以上。隨著業績利多持續公布，市場甚至還傳出該企業接到全球大廠NOKIA的訂單，但股價早已大跌。

　　放空這種融資持續攀高、利多消息不漲、分析師持續推薦、券商晨會研究報告中的股票，一直是非常安全的選擇。道理其實很簡單，即使這檔股票的利多人盡皆知，但若真的這麼好，大戶搶買都來不及了，怎麼可能股價越來越低？

　　一般遇到人人推薦的股票，只要試單賺錢後，股價出現接近跌停的走勢時，就可以直接把所有資金投入，這是放空有趣與靈活運用之處。因此按照以下標準動作執行放空計畫，風險非常低：

1：①處，股價上漲未過前高並破前低，第1隻小豬進場，資金20％，放空試單。

2：②處，股價快速下殺，獲利加碼，第2隻小豬進場，資金80％。

3：若股價一波比一波低後，轉為拉回不再破底，並重新轉強，則第1隻小豬出場，資金50％，退出試單。

4：若股價緊接著越過前高，第2隻小豬出場，資金25％。

5：若股價越過前高後，拉回又不再破底，形成多頭波，則第3隻小豬出場，資金25％。

註

　　自本書8月初稿完成，於①第一隻小豬進場放空價在153元附近，至10月最終修訂時，股價最低已經修正至88.3元，跌幅達42.2％，放空仍有持續增加獲利的機會。

　　蘋果前執行長賈伯斯曾引用畢卡索的名言：「好的藝術家懂複製，偉大的藝術家則擅長竊取。」投資股票只要善用前人的經驗與知識，加上自己的研究、觀察與記錄，就足以存活在股海中。

　　以上10檔股票是撰寫本書時，研究並實際執行放空的股票。適逢2018年第三季台股進入盤頭階段，隨著本書付梓，這些股票都出現30～50％以上的跌勢。這代表運用國內外傳奇操盤手的觀念與方法，能有效降低執行放空的風險，卻能快速累積利潤。

　　加上當時加權指數仍位居1.1萬點附近，股價卻已有如此大幅的修正，可以推估一旦指數正式展開調整，放空獲利必能持續擴大。以下的範例，是歷年來每一波股市開始修正時，放空熱門股的精選範例。

★放空精選範例 11：加權指數，十年風水輪流轉

2018年台股創下許多紀錄：史上最長萬點行情、28年來指數新高、現金股息史上最高、現金殖利率平均4％、上市櫃企業獲利創史上新高。**在這樣樂觀的市場氣氛中，我在農曆年後推估，今年第三季或明年第一季股市就可能會開始轉折往下。**

事實上，2018年的上漲行情是延續2016年而來！怎麼說呢？

2016年11月9日唐納·川普當選美國第45任總統，當日美國道瓊工業指數大漲1.4％，亞洲股市卻哀鴻遍野，台股指數大跌274.23點，跌幅達2.98％（**圖5-11①**）。不過，在媒體一面倒看空台股之際，當日跌停股票卻不到3檔，這個現象非常有趣，顯示市場並沒有非常恐慌。

後續在金融雙雄**2881富邦金、2882國泰金**的帶領下，加權指數扭轉空方壓力，一個月後越過前高，總算穩住盤勢（**圖5-11②**）。接下來隨著國際政局穩定，在美國聯準會與全球央行也維持利率寬鬆的熱錢環境中，全球股市再度展開上漲走勢，台股漲勢多次成為全球最強。

這一波行情中，加權指數一直維持一波比一波高、拉回不破前低、上漲越過前高的多頭波行情。儘管媒體一再報導萬點崩盤的恐怖歷史，台股還是持續往上攀高，外資期貨多單也一度逼近10萬口的天量，跌破所有專家眼鏡。

圖5-11　加權指數，2016年日K線圖

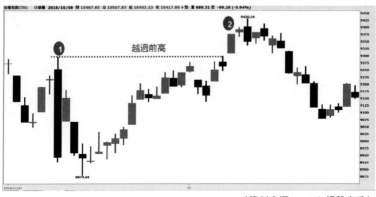

（資料來源：：XQ 操盤高手）

其中除了2017年7月開始，北韓多次試射飛彈到日本外海
（**圖5-12**③④⑤），引發國際譴責與恐慌，導致股市出現
極大波動之外，仍維持著多頭波的走勢。

　　這段期間誕生了台股史上最高價的股王大立光
（6,075元）、股價超過500元的檔數也是史上最多，上百
元的股票不計其數，包括1,520元的台積電子公司精測、
1,025元的精華、607元的旭隼、640元的譜瑞-KY。這是
台股歷來最興盛的一年，也是每一次景氣循環高峰時的固
定戲碼。

　　這樣的盛況一直到2018年1月底，**2330台積電**創下台
股史上最大市值紀錄，並成為全球第23大企業後，逐步進
入盤整。隨後，加權指數快速下殺千點，不到3週的時間
也順勢跌破前低，扭轉1年多的大漲行情（**圖5-13**⑥）。

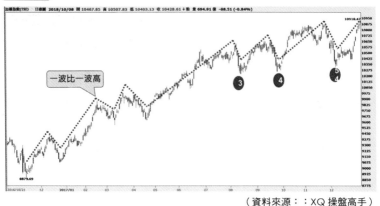

圖5-12 加權指數，2017年日K線圖

（資料來源：：XQ操盤高手）

　　按照多頭波的公式來看，**一旦走勢跌破前低，接下來就只剩二條路可走：盤整或是下跌**。所幸政府及時進場護盤，加上**2327**國巨帶起的減資風潮與缺料題材興起，一時間被動元件、電晶體、電子零組件等需求大增、供不應求，業績暴增推升國巨登上股后（1,310元），股市瞬間人氣爆棚，加權指數也得以維持高檔。

　　其中的道理非常簡單，**每當全球景氣來到高峰，由於民間消費力大增，電子用品需求頻創新高，所有的零組件都會因缺貨導致價格大漲**，例如：2007年的IC設計、1999年的網通也是如此。所有上市櫃企業大佬當然樂於頻放利多，趁勢拉抬股價，在媒體的推崇報導之下，投資人個個都成為產業專家，對於產業技術與業績朗朗上口。再加上外資與國內基金經理人持續加碼，股價越推越高，

圖5-13　加權指數，2018年日K線圖

（資料來源：：XQ 操盤高手）

台股當然欲小不易。因此，在2018年2月到9月底，加權指數一直維持著不破前低的走法，持續在高檔盤整（但多次挑戰11,000點均空手而回）。

　　直到10月初，加權指數連續大跌，急殺跌破前低（**圖 5-13⑦**），一口氣連破4、7、8、9月低點，再次宣告趨勢扭轉。與2月不同的是，股王大立光已經自6,075元高價殺回3,600元，台積電在外資大喊目標300元後也越盤越低。先前炒作減資與缺料的熱門題材股國巨，股價跌幅逼近七成而乏人問津（只剩高檔套牢的散戶一路往下攤平），而代表中小型股的OTC櫃買指數也早已步入空頭，長時間維持一波比一波低的空頭波走勢。顯見股市大戶人氣早已經退潮。

　　當股市已經大跌轉弱，才去喊空看空甚至於放空，在

短線上容易有風險。不過站在中長期角度來看，一旦趨勢形成，投資人該做的就是順勢放空！

前面曾提過，若真的是一檔看漲的股票，當股價下跌，公司內部人一定會進場搶買護盤。可是，當利多消息不斷、大佬持續看好，股價卻一路破底，代表內部人買盤早已消失，只有散戶拼命用融資承接，此時投資人唯一要做的就是放空。當未來股價陸續止跌，放空回補就會形成市場恐慌中的買盤，投資人還可運用放空獲利，進一步協助政府護盤。

全球股市已經上漲10年，一旦空方趨勢成形，通常不容易快速止跌，而這還是在美股仍維持歷史新高的狀況下。就台股歷史而言，台股永遠是領先全球股市轉強，領先全球股市轉弱，**原因在於台股的市場規模小但容易炒作，現金股息也一直是全球最高。當外資進場時，股票容易被拉抬，投資人也熱衷於炒股，因此總是領先全球抬漲。當外資看壞後勢，通常會先砍掉新興市場的資金，台股的跌勢也會非常劇烈，加上投資人喜歡定期定額與逢低攤平撿便宜，接手外資大戶不要的股票，股票當然也好出，所以台股總是領先全球轉跌。**如今，台股有機會再度率領全球走出另一波景氣循環。

股票投資不是只有單一方向，永遠只會隨時買、隨便買、不要賣，而是多空都能獲利。不必非得隨時抱一堆股票，或是定期定額、逢低攤平、領股息賠價差，而是可以

在行情來時滿手持股，行情走時現金滿手，不用每天被綁在股市中，更無須每天為了股價波動而心驚膽跳。

　　善於放空的投資人更在乎安全的買點，更懂得研判消息真假，更瞭解貪與怕的人性，更勇於面對自己的恐懼，更善於保全資金。牛市賺得多，熊市賺得快，善於放空就能走出屬於自己的存股路！

★放空精選範例 12：4979 華星光

圖5-14 ▶ 4979華星光，2016年日K線與多空波走勢圖

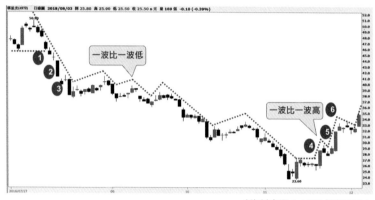

（資料來源：：XQ 操盤高手）

　　2015年**4979華星光**挾著光纖與物聯網題材，股價最高來到97.4元（該族群股王**3450聯鈞**196.5元），且營收至該年年底仍持續創新高。然而，在一堆利多當中，股價卻提前於11月開始進入空頭波。

　　正常來說，假如這檔股票如市場說的這麼好，股價不應該走入空頭波，讓投資人能越撿越便宜。這代表在一串利多背後，已經有資金持續退出。隔年2016年股價自高檔下跌近五成後，雖然發出史上最高現金股息3.01元，仍在除息後持續破底。因此，在跌破前低後進場放空試單，並按照以下順序，一步步建立持股與執行退場計畫。

①：股價跌破前低，第1隻小豬進場，資金20％，放空試單。

②：股價持續下跌，獲利加碼，第2隻小豬進場，資金50％。

③：股價持續下跌，獲利加碼，第3隻小豬進場，資金30％。

④：股價拉回不再破底並轉強，第1隻小豬出場，資金50％，退出試單。

⑤：股價越過前高，第2隻小豬出場，資金25％。

⑥：股價持續上漲或進入盤整，第3隻小豬出場，資金25％。

★ 放空精選範例 13：3519 綠能

圖5-15 3519綠能，2011年日K線與多空波走勢圖

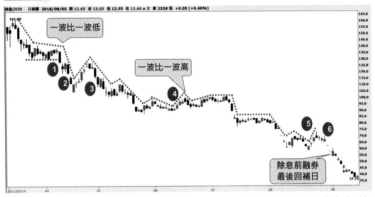

（資料來源：：XQ 操盤高手）

　　2011年3月發生日本東北大地震，福島核電廠爆炸的驚悚新聞畫面每天不斷在電視台重播，引發全球對於核能發電的恐懼。隨著廢核議題不斷發酵，太陽能族群股價也越攀越高，就在日本陷入災難之際，**3519綠能**的股價也站上161元高價（2011年3月時，該族群股王**3691碩禾**的股價約800元上下）。

　　若以前一年EPS8.65元推算，當時本益比到達18.7倍也仍在合理範圍，且營收到4月仍持續創歷史新高。在福島核電廠搶救畫面仍持續放送、全球反核聲浪不斷、政府鼓吹發展綠能產業、媒體持續推薦太陽能股的時候，股價卻已開始下滑。

　　這樣的情形代表在一串利多背後，已經有資金持續退出。由於股價在4月股東會前、融券最後回補日後，仍持續破底，因此在跌破前低後進場放空試單，並按照以下順序一步步建立持股與執行退場計畫。

①：股價跌破前低，第1隻小豬進場，資金20％，放空試單。

②：股價持續下跌，獲利加碼，第2隻小豬進場，資金50％。

③：股價反彈不過前高並再次破底，獲利加碼，第3隻小豬進場，資金30％。

④：股價轉為拉回不再破底，第1隻小豬出場，資金50％，退出試單。

⑤：股價持續到除息前才再次轉為多頭波，第2隻小豬出場，資金25％。

⑥：因除權息前融券強制回補，故第3隻小豬出場，資金25％。

★放空精選範例 14：6238 勝麗

圖5-16 6238勝麗，2016年日K線與多空波走勢圖

（資料來源：：XQ 操盤高手）

　　2016年**6238勝麗**挾著特斯拉電動車零組件利多，股價最高攻上415元，成為汽車零組件股后（2016年，該族群股王**3552**同致的股價最高為595元）。但在一片看好聲與媒體推薦中，股價卻逐步下跌，並且在7月除息後，進入空頭波走勢。股價最高時，本益比（以前一年度EPS9.52元計算）高達43.6倍，但營收無法持續創高，只能維持高檔。當加權指數陷入盤整之際，股價也開始步入修正。

　　股價持續下滑，代表背後賣壓不斷、資金持續退出，雖然價格已經修正超過百元，但仍持續破底。因此，在跌破前低後進場放空試單，整體計畫如下。

①：股價跌破前低，第1隻小豬進場，資金20％，放空試單。

②：股價持續下跌，獲利加碼，第2隻小豬進場，資金50％。

③：股價持續下跌，獲利加碼，第3隻小豬進場，資金30％。

④：股價轉為拉回不再破底，第1隻小豬出場，資金50％，退出試單。

⑤：股價再次破低卻越過前高，第2隻小豬出場，資金25％。

⑥：股價逐步往上墊高，第3隻小豬出場，資金25％。

★放空精選範例 15：4971 IET-KY

圖5-17 4971 IET-KY，2016年日K線與多空波走勢圖

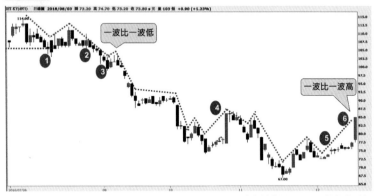

（資料來源：：XQ 操盤高手）

　　2016年4G與光纖通訊普及，砷化鎵的需求量大增，讓**4971 IET- KY**股價攀高到149元，營收也持續創新高，現金股利與股票股利合計發出4元的歷史新高，深受報章媒體一致好評。

　　儘管如此，IET-KY的股價卻在除息後走入空頭波，代表在一串利多背後已有資金持續退出。雖然價格已經修正超過1/3，但仍持續破底。因此，在跌破前低後進場放空試單，步驟如下。

　　①：股價跌破前低，第1隻小豬進場，資金20％，放空試單。

　　②：股價持續下跌，獲利加碼，第2隻小豬進場，資

金50％。

③：股價持續下跌，獲利加碼，第3隻小豬進場，資金30％。

④：股價越過前高，第1隻小豬出場，資金50％，退出試單。

⑤：股價拉回不再破底並過前高，第2隻小豬出場，資金25％。

⑥：股價逐步往上墊高，第3隻小豬出場，資金25％。

★放空精選範例 16：2498 宏達電

圖5-18 2498宏達電，2015年日K線與多空波走勢圖

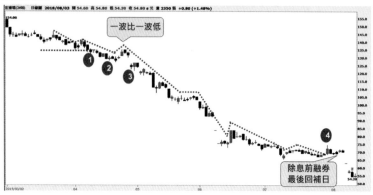

（資料來源：：XQ 操盤高手）

　　2011年後，**2498宏達電**的股價一路下滑，至2015年僅剩高檔1,300元的10％。為了挽救疲弱的股價、銷量，以及大幅減少的現金股利，宏達電曾於2013年豪擲1,200萬美元（台幣3.6億元），邀請當時因飾演鋼鐵人而紅遍全球的演員小勞伯道尼，擔任兩年代言人，但手機銷量仍持續衰退。

　　通常業績虧損的企業，要讓股價維持百元以上頗為困難，更何況是消費電子業。因此，在2013年4月中旬後，儘管鋼鐵人廣告一波波放送、3C網站頻頻推薦新機、媒體也一片看好廣告帶來的效益，股價卻開始步入空頭波。

　　正常來說，假如這檔股票如市場說得這麼好，股價應

該不會走入空頭波，讓投資人越撿越便宜。尤其是股價已經自高檔修正超過九成，董事長屢次在媒體與股東會時樂觀喊話，卻仍維持疲弱走勢。因此，在跌破前低後可進場放空試單，步驟如下。

①：股價跌破前低，第1隻小豬進場，資金20％，放空試單。

②：股價持續下跌，獲利加碼，第2隻小豬進場，資金50％。

③：股價持續下跌，獲利加碼，第3隻小豬進場，資金30％。

④：除權息融券最後回補日前，3隻小豬全數退出。

★放空精選範例 17：3673 TPK-KY

圖5-19　3673 TPK-KY，2015年日K線與多空波走勢圖

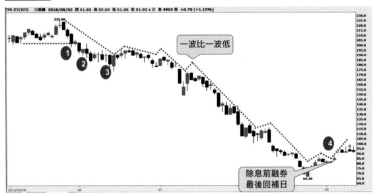

一波比一波低

除息前融券
最後回補日

（資料來源：：XQ 操盤高手）

　　曾經貴為四千金的**3673 TPK-KY**（最高價982元），一直是投資人喜愛的熱門股，但也爆發不少次炒股爭議，算是台股的九命怪貓。2015年挾著蘋果手機大賣、全球觸控面板題材再次興起，股價自低點上漲超過50％，一時之間利多消息不斷。但除了營收持續衰退之外，季報更是虧損連連，甚至在第三季季報認列資產減損達5.5個股本，讓市場一陣譁然。然而，在財報利空消息出爐前，股價早已經步入空頭波。

　　股價在高檔時總是利多頻傳，但如同華爾街傳奇經理人彼得‧林區所說：「長期來看，股價總是會準確反應業績。」2014～2015年步入虧損的企業，即使股價達200元

以上，一旦進入修正，下跌的速度都會非常快速！

　①：股價跌破前低，第1隻小豬進場，資金20％，放空試單。

　②：股價持續下跌，獲利加碼，第2隻小豬進場，資金50％。

　③：股價持續下跌，獲利加碼，第3隻小豬進場，資金30％。

　④：除權息融券最後回補日前，3隻小豬全數退出。

★放空精選範例 18：6456 GIS-KY

圖5-20 6456 GIS-KY，2017年日K線與多空波走勢圖

（資料來源：：XQ 操盤高手）

2017年是鴻海集團與董事長郭台銘最風光的一年，觀察**6456 GIS-KY**，投資人能見識到號稱「最熟悉資本市場運作」的企業家手腕。

GIS-KY自2016年起漲，挾著鴻海集團到美國威斯康辛州設廠的消息，每天新聞全是該集團利多，股價一年飆漲5倍，來到379元高價。不過，在營收頻創新高時，季報表現卻仍出現虧損。為何這檔股票擁有如此高的人氣？當然靠的是郭台銘的個人魅力，以及美國設廠的想像空間！

企業季報虧損，股價卻達百元以上的高價，一旦進入修正，股價下跌的幅度也會非常驚人。這檔股票自379元

見高後，跌到155.5元，跌幅高達59％，融資卻反向大增
1.2萬張，套牢超過20億資金，足見鴻海集團在台股的人
氣。

①：股價跌破前低，第1隻小豬進場，資金20％，放
　　空試單。

②：股價持續下跌，獲利加碼，第2隻小豬進場，資
　　金50％。

③：股價持續下跌，獲利加碼，第3隻小豬進場，資
　　金30％。

④：股價越過前高，第1隻小豬出場，資金50％，退
　　出試單。

⑤：股東會融券最後回補日前，剩餘2隻小豬全數退
　　出。

★放空精選範例 19：2545 皇翔

圖5-21 2545皇翔，2013年日K線與多空波走勢圖

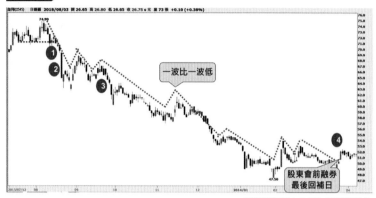

（資料來源：：XQ 操盤高手）

　　2013年香港首富李嘉誠發佈新聞稿表示，預計1～2年內，將所有資產變換現金撤出亞洲市場。消息一出引起市場譁然，媒體大幅報導房地產空頭即將來臨。不過3個月後，台北出現一坪400萬歷史天價的豪宅，媒體又轉向指出李嘉誠這次看錯行情，許多學者與大師也認為，房地產榮景能在低利率的環境中持續下去，甚至喊出一坪500萬的目標。就在此時，房地產股王**2548華固**股價快速拉抬到110元（2013年7月），營建族群每天利多不斷，股性活潑的**2545皇翔**也在除息前漲至81.5元高價。

　　建商大型開發案、南下獵地、號召港客到台灣置產、全球利率維持新低等房市好消息頻傳，業績卻比前一年衰

退超過五成。正常來說，房地產景氣若如同媒體說得這麼好，香港首富應該不會急著將資金撤出亞洲，股價也應該能在除息後順利填息，而非盤整許久仍處於貼息狀態，更不會走入空頭波，讓投資人可以越撿越便宜。因此，在跌破前低後進場放空試單，並按照以下順序建立持股與執行退場計畫。

①：股價跌破前低，第1隻小豬進場，資金20％，放空試單。

②：股價持續下跌，獲利加碼，第2隻小豬進場，資金50％。

③：股價持續下跌，獲利加碼，第3隻小豬進場，資金30％。

④：股東會融券最後回補日前，3隻小豬全數退出。

★放空精選範例 20：3406 玉晶光

圖5-22 3406玉晶光，2017年日K線與多空波走勢圖

（資料來源：：XQ 操盤高手）

　　2017年，股王**3008大立光**創下台股史上最高價6,075元，光學股也跟著雞犬升天。尤其**3406玉晶光**重新奪回蘋果訂單，雖然數量不多，但總算重返蘋果供應鏈。1年多之內股價漲幅超過10倍，媒體當然每天大篇幅報導利多。但就在即將突破600元大關之際，股價突然出現大幅震盪，多次出現收盤跌停，盤中跌幅超過半支停板。在利多頻傳之際，這並非是正常走勢。

　　雖然營收成長，EPS也由虧轉盈，但本益比已經炒作超過100倍，股價也出現巨幅震盪的拉回走勢，加上族群指標股王大立光已步入空頭波，無法再創新高。因此，在跌破前低後進場放空試單。

①：股價跌破前低，第1隻小豬進場，資金20％，放空試單。

②：股價持續下跌，獲利加碼，第2隻小豬進場，資金50％。

③：股價持續下跌，獲利加碼，第3隻小豬進場，資金30％。

④：股價越過前高，第1隻小豬出場，資金50％，退出試單。

⑤：股價拉回不再破底，第2隻小豬出場，資金25％。

⑥：股價逐步往上墊高，第3隻小豬出場，資金25％。

★放空精選範例 21：1795 美時

圖5-23 1795美時，2014年日K線與多空波走勢圖

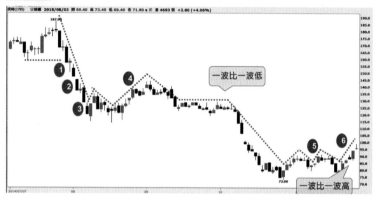

（資料來源：：XQ 操盤高手）

　　台股每一年都有飆漲的梟雄族群，2014年**3176基亞**藉由新藥期中分析題材，市場預估能順利過關、有利取得美國藥證，成為當時生技股王。該族群所有股票也跟著雞犬升天，除了基亞與母公司**2390云辰**飆漲之外，**1795美時**也跟上這波浪潮，尤其有消息指出，若癌症用藥也能取得藥證，業績將會大幅攀升。

　　不過，當美時股價漲到歷史新高價187元，季報仍呈現虧損，完全符合市場所說的炒作「本夢比（非本益比）」題材。要數據分析，我也有；要申請藥證，我也有；要研發新藥，我也有，人人都是新藥股，就連上市櫃電子業也多宣布進軍生技新藥產業。

　　然而，同年度7月28日基亞公佈期中數據不合格，讓股價開盤就跌停，其餘生技股也在一片利多聲中快速滑落。股王基亞後續更是創下單一個股連續跌停紀錄，連殺19根跌停板才打開。此時才有週刊以「炒股大騙局」為標題，報導公司派「養套殺計畫」，但所有生技股大多已經出現腰斬走勢。

①：股價跌破前低，第1隻小豬進場，資金20％，放空試單。

②：股價持續下跌，獲利加碼，第2隻小豬進場，資金50％。

③：股價持續下跌，獲利加碼，第3隻小豬進場，資金30％。

④：股價越過前高，第1隻小豬出場，資金50％，退出試單。

⑤：股價拉回不再破底，第2隻小豬出場，資金25％。

⑥：股價逐步往上墊高，第3隻小豬出場，資金25％。

　　總是在股價跌了一大段後，才出現利空消息解釋為何大跌，這時放空早已來不及，風險也大為提高。因此，每當股價來到高檔、利多消息頻傳，股價卻步入空頭波，投資人就可以做好放空計畫，按照3隻小豬的進場方式，一

步一步建立空單持股。

這種方式也許看似危險，事實上卻是非常安全的投資，原因很簡單：

①如果這檔股票真的如媒體所說得這麼好，股價為何會走空頭波？

②如果這檔股票真的像自己想得這麼好，怎麼可能買了會賠錢？

③股價漲高，很少投資人會追，在大股東、法人、主力出清持股後，股價變便宜時，很多先前不敢買的人會想逢低承接買來存股。這時股票都在散戶手上，再大的利多都無法推升股價上漲。

這三個簡單的股價輪迴方式，在台股一年又一年的上演！

NOTE

掌握股市 5 要訣，
讓你多空都能雙贏！

「兩岸和平紅利，台股上看兩萬點！」

「台股貫破5,000點，成交量創新低！」

「金融海嘯後景氣回溫，加權指數即將重返萬點！」

「歐債風暴襲擊，金融海嘯恐再臨！」

「勞健保破產疑慮，衝擊國內景氣！」

「台股重返萬點，兩岸和平紅利終究來臨！」

「史上第9大單日跌幅，法人預估金融海嘯可能重演！」

「美國川普總統上任，全球股市挫著等！」

「台股創史上最長萬點行情，未來萬點是常態！」

2009～2018年，台股經歷無數利多利空消息襲擊後，走出史上最長萬點行情，全球主要國家的股市也均創下歷史新高。十年來，許多個股創造出各種傳奇：大立光創下史上最高價6,075元；台積電創新高268元，成為全球市值第23名企業；上市櫃企業獲利創史上新高；全體現金股息高達1.42兆元；現金殖利率平均近4％，在全球主要股市中名列前茅，可說是有史以來景氣最好的一次。全球

251

皆是如此，當然這也是金融海嘯以來，美國聯準會與全球央行大幅釋放資金活水的功勞。

但全球股市上漲超過10年，亞洲房地產走出16大多頭，如今隨著失業率下降、創史上新低，利率開始逐步調升，受惠資金狂潮的股市勢必會進入調整與循環，而世人也會在樂觀與貪婪之後，受到熊市的檢視。各國央行早已經做好各項工作，準備迎接許久未見的空頭。

富邦金控董事長蔡明忠表示：「自金融海嘯危機至今，不少投資人進行風險較高的投資，造成資產泡沫化現象，是未來要留意的警訊。通膨怪獸將再度出現。」呼籲投資人留意風險、謹慎投資。對於有耐心等待大行情的投資人來說，這無疑是睽違十年的難得機會。俗話說：「放空賺得快」，未來投資人將有機會親自體驗。

投資人總不樂見股市下跌，原因在於他們手上的股票常追在高檔利多頻傳時，由於盤中股價波動極大，難以尋覓出場時機，一旦股價走入空頭波，就容易被套牢。但如果學會放空與回補，不僅知道股票上漲何時該買，股價後退下跌也能獲利。能用這樣的眼光看股市，投資自然多空皆宜，不是永遠的賺也存股、賠也存股、隨時存股，而是無論漲跌都有獲利機會。**不必過於煩惱選股與進場時機，即使這次沒跟上行情，也能掌握下次機會何時到來**。按此心態，長期下來自然心情清靜，投資眼界也會跟著提升。

大多數人總喜歡趁股價越跌時拚命買進，不想嘗試放

空的作法，深怕自己買不到便宜貨。但當股市走空頭時，股價即使再低，都還會不斷下探，直到人們感到恐慌而將股票不計價格砍出。事實上，股票下跌速度而產生的放空利潤，遠比逢低攤平賺得還要快。投資有捨才會有得，在高檔出清持股、放空衰退股，低檔就能有更多的資金買股長期投資。

「華爾街傳奇操盤手」傑西・李佛摩說：「**大錢不存在於股票日常的小波動，只存在於大勢，所以你需要正確判斷大勢的方向！**」

「金融大鱷」喬治・索羅斯認為：「**凡事總是盛極而衰，重要的是認清趨勢轉變並找出轉折點，但轉折點不是每天都會出現。**」

「獨自來去天堂與地獄的作手」壽江說：「**大行情不會一天之內從開始到結束，它有一個發展過程，投機者必須給市場足夠的時間。**」

「期貨天王」張松允認為：「**無論市場往什麼方向，跟著市場就對了，它動跟著動，它休息跟著休息。**」

「股神」華倫・巴菲特說：「**人們總是認為我每天都很忙碌，事實上我每天常做的是閱讀，而不是下單。**」

股票投資講求攻、防、遭、追、轉。股市走多頭波時，全力「進攻」重壓資金，長抱股票能賺價差也領股

息。走空頭波時，除了提高現金部位「固守」資產之外，也可以放空股票或買進反向ETF，增加獲利與提高本金。攻與防，本來就是一體兩面、交互運用。遇到股市盤整，多空兩方大戶陷入短距離「遭遇」戰時，要做的是隔岸觀虎鬥，不用跟著攪和惹得一身腥。投資獲利時，勇於「追進」加碼；虧損時，「轉移」陣地力求保本。**掌握這五個要訣，每年只要讓本金成長10％～20％，長年下來便能累積可觀的資產。**

跌久必漲、漲久必跌，景氣多空循環的真理，永遠不變！

● 竭誠歡迎與作者學術交流

赤馬blog：http://blog.cnyes.com/My/pigppkobe/

臉書：https://www.facebook.com/redhorse168168/

MAIL：pigppkobe@yahoo.com.tw

國家圖書館出版品預行編目(CIP)資料

空軍一哥教你K線放空法：10分鐘找出個股的下跌徵兆！/ 陳韋翰著
－－ 台北市 ；大樂文化，2018.10
面 ； 公分. –（Money ; 24）

ISBN 978-986-96873-2-4（平裝）
1. 股票投資　2. 投資技術　3. 投資分析
563.53　　　　　　　　　　　　　　　　　　　　　107016419

Money 024

空軍一哥教你K線放空法
10分鐘找出個股的下跌徵兆！

作　　者／陳韋翰
封面設計／蕭壽佳
內頁排版／思　思
責任編輯／林映華
主　　編／皮海屏
發行專員／劉怡安
會計經理／陳碧蘭
發行經理／高世權、呂和儒
總編輯、總經理／蔡連壽
出 版 者／大樂文化有限公司（優渥誌）
　　　　　　地址：220 新北市板橋區文化路一段 268 號 18 樓 之 1
　　　　　　電話：（02）2258-3656
　　　　　　傳真：（02）2258-3660
　　　　　　詢問購書相關資訊請洽：2258-3656
　　　　　　郵政劃撥帳號／50211045　戶名／大樂文化有限公司

香港發行／豐達出版發行有限公司
地址：香港柴灣永泰道 70 號柴灣工業城 2 期 1805 室
電話：852-2172 6513　傳真：852-2172 4355

法律顧問／第一國際法律事務所余淑杏律師
印　　刷／韋懋實業有限公司

出版日期／2018 年 10 月 22 日
定　　價／320 元　　（缺頁或損毀的書，請寄回更換）
I S B N　978-986-96873-2-4